Das deutsche
Handels-, Wechsel- und Seerecht.

Historisch und dogmatisch

dargestellt von

Dr. A. Engelmann,
Oberlandesgerichts-Senatspräsidenten und ordentlichem Honorarprofessor
in Breslau.

Zweite Auflage.

Erweiterter Abdruck aus der vierten Auflage: Das Bürgerliche Recht Deutschlands.

Berlin 1908.
J. Guttentag, Verlagsbuchhandlung,
G. m. b. H.

Vorwort.

Wie das Titelblatt andeutet, ist das vorliegende Werk eine zum Teile wörtliche Wiedergabe der das Handels-, Wechsel- und Seerecht darstellenden Stücke von des Verfassers größerem Werke, dem „Bürgerlichen Recht Deutschlands" (4. Auflage 1906). Die Änderungen bezweckten eine bessere Übersichtlichkeit der Darstellung des Wechselrechts und eine stärkere Betonung der wirtschaftlichen Beziehungen, die in den meist sehr knappen Rechtssätzen einen nicht immer leichtverständlichen Ausdruck finden.

Sollte aber das Ganze nicht den Umfang eines bloßen „Leitfadens" überschreiten, so mußte in dem Maße auch der Erweiterungen eine starke Entsagung geübt werden.

Breslau, 31. Oktober 1907.

Der Verfasser.

Inhaltsverzeichnis.

Einleitung: **Der Handel und die Quellen des Handelsrechts.** Seite

Erstes Buch: **Der Handelsstand.**

Zweites Buch: **Die Handelsgesellschaften.**

Anhang.

Drittes Buch: **Handelsgeschäfte.**

Erster Abschnitt.

Zweiter Abschnitt: Die einzelnen Handelsgeschäfte.

Viertes Buch: **Geld, Wertpapier, Wechsel.**

Das Wechselrecht.

Einleitung.

Der Handel und die Quellen des Handelsrechts.

§ 1. Der Handel und das Handelsrecht.

Unter Handel versteht man diejenige Erwerbstätigkeit, welche den Umlauf der Waren vermittelt.[1]) Es gehört daher zum Handel im eigentlichen Sinn eine bereits vorhandene Ware. Also ist weder die Urproduktion, d. h. die Erzeugung des Rohstoffes, noch die Be- oder Verarbeitung des Rohstoffes zur Ware Handelstätigkeit. Es gehört zum Handel auch nicht das Veräußerungsgeschäft des Produzenten und nicht das Anschaffungsgeschäft des Konsumenten. Der eigentliche Handel oder Fachhandel besteht ausschließlich in der in Gewinnabsicht vorgenommenen Anschaffung und der Weiterveräußerung eines Produkts.[2])

Das Recht kann jedoch den Begriff des Handelsgewerbes weiter ziehen, und das jetzt in Deutschland geltende Handelsrecht hat seinen Normen nicht nur die Handelshilfsgewerbe, sondern auch eine Reihe von Erwerbstätigkeiten, die nicht mehr zum eigentlichen oder Fachhandel gehören, unterworfen. Besonders hervorzuheben ist, daß der sog. Fabrikhandel im Rechtssinne zum Handel gehört, da die Anschaffung des Rohstoffes, wenn er in Gewinnabsicht geschieht, Handelsgeschäft ist ebenso wie die Veräußerung des fertigen Produkts und die dazwischentretende industrielle Tätigkeit d. h. die Be- oder Verarbeitung des Stoffes an der handelsgewerblichen Natur jener beiden Geschäfte nichts ändert. Ja man sieht im Rechtssinn als Handelsgewerbe an, sogar die bloße Übernahme der Bearbeitung oder Verarbeitung von Waren für andere, also eine Tätigkeit, bei welcher von Anschaffung und Weiterveräußerung keine Rede ist, und wird dabei natürlich gezwungen, diese gewerbliche Tätigkeit gegen das bloße Handwerk abzugrenzen.

Die handelsgewerbliche Tätigkeit hat besondere Anschauungen und Gepflogenheiten und daher zunächst auf dem Wege gewohnheitsrechtlicher Bildung auch besondere Rechtssätze entwickelt, die von den allgemeinen

---

[1]) Goldschmidt: Handbuch des Handelsrechts Bd. I 1891 § 1. Roscher: Nationalökonomik des Handels- und Gewerbfleißes. 7. Aufl. (von Stieda) 1899.

[2]) Diese Auffassung findet sich schon bei Gajus (l. 2 D. 18, 6): ... si vero mercator est, qui emere — et vendere solet.

Rechtssätzen zum Teil stark abweichen. Der Inbegriff der besonderen auf die handelsgewerbliche Tätigkeit bezüglichen Rechtsnormen ist das Handelsrecht. Es bildet (im wesentlichen) einen Teil des Privatrechts.

§ 2. Geschichtliche Entwicklung des Handelsrechts.[1])

An der Entwicklung des heutigen, insbesondere auch des deutschen Handelsrechts hat viel weniger das römische Recht als das mittelalterlich-italienische Recht und die Verkehrssitte des Handelsstandes mitgewirkt. Das Corpus juris civilis enthielt nur einzelne, dem Handel besonders dienende Rechtsinstitute (**lex Rhodia de jactu, foenus nauticum, a. exercitoria, institoria, tributoria**), ein eigentliches Sonderrecht des Handels aber fehlte nicht bloß ihm, sondern auch den Statutarrechten des Mittelalters. Erst im späteren Mittelalter und in der Neuzeit sonderte sich das Handelsrecht als ein eigener Rechtszweig vom allgemeinen bürgerlichen Recht ab, doch ist eine Kodifikation des Handelsrechts sehr viel später erfolgt. Die erste solche Kodifikation enthielt das achte Buch des zweiten Teils des preußischen Allgemeinen Landrechts vom 5. Februar 1794 (in Kraft seit dem 1. Juni 1794), und zwar wurde das Handelsrecht hier behandelt als ein Teil des Rechts des „Bürgerstandes".

Ihm folgte in Frankreich der **code de commerce** (in Kraft seit dem 1. Januar 1808), ein Gesetzgebungswerk, das auch auf die Entwicklung des deutschen Handelsrechts einwirkte. Die in Deutschland herrschende Rechtszersplitterung konnte durch ein Gesetzeswerk mit gemeinrechtlicher Geltung nicht beseitigt werden, da keine einheitliche Staatsgewalt vorhanden war, die im Wege der Gesetzgebung einheitliches Recht hätte schaffen können. Als aber durch Vertrag vom 22. März 1834 der Zollverein errichtet worden war, machte sich das Bedürfnis wenigstens nach einem einheitlichen Handels- und Wechselrechte stärker fühlbar. Man half sich jedoch, ebenso wie auf dem Gebiete des Wechselrechts (s. darüber unten), auf dem Wege einer Verständigung über die Grundsätze eines gemeinsamen Handelsrechts und durch Einführung dieser Grundsätze mittels der Gesetzgebungsgewalt der Bundesstaaten.

Auf einen von Bayern gestellten Antrag beschloß der Bundestag am 17. April 1856 die Niedersetzung einer aus Rechtsgelehrten und Sachverständigen bestehenden Kommission „zur Entwerfung und Vorlage eines Allgemeinen Handelsgesetzbuches für die deutschen Bundesstaaten." Nachdem die preußische Regierung den nur für Preußen

[1]) Goldschmidt: Universalgeschichte des Handelsrechts (erster, unvollendet gebliebener Band des Handbuchs des Handelsrechts). 3. Aufl. 1891.

bestimmten, aber auf der Grundlage der drei verschiedenen in seinem Gebiete bestehenden Zivilrechtssysteme ausgearbeiteten Entwurf vollendet hatte, trat die Kommission am 15. Januar 1857 in Nürnberg zusammen, legte ihren Beratungen jenen preußischen Entwurf zugrunde, beriet zunächst das eigentliche Handelsrecht in zwei Lesungen, nahm dann in Hamburg zwei Lesungen des Seerechts vor und beendete schließlich in einer dritten Lesung in Nürnberg im März 1861 ihre Beratungen. Der von ihr hergestellte Entwurf wurde dem Bundestage vorgelegt und von diesem den deutschen Regierungen zur Annahme empfohlen, er wurde denn auch in fast allen deutschen Bundesstaaten als Landesgesetz verkündet und so zum sog. allgemeinen Recht erhoben. Das Handelsgesetzbuch war aber als Landesgesetz der Abänderung durch Landesgesetz ausgesetzt; dieser Zustand änderte sich erst, als durch Bundesgesetz vom 5. Juni 1869 das HGB zu norddeutschem Bundesrecht, durch die Reichsgesetze vom 16. April 1871 (für das Deutsche Reich außer Bayern), vom 22. April 1871 (für Bayern) und vom 19. Juni 1872 (für das Reichsland) zu deutschem Reichsrecht erklärt und damit dem Einflusse der Landesgesetzgebung entzogen wurde. Der das Aktienrecht behandelnde Teil dieses Gesetzbuches erfuhr Abänderungen durch die Gesetze vom 11. Juni 1870 und 18. Juli 1884.

Die Schaffung eines einheitlichen bürgerlichen Rechts machte auch eine Abänderung des HGB nötig. Diese Abänderungen enthalten nicht allein Umgestaltungen des bisherigen Rechts, sondern auch Neuschaffungen. Umgestaltungen sind nur erfolgt, soweit sie durch die Vorschriften des BGB geboten waren oder auf den seit dem Inkrafttreten des alten HGB gemachten Erfahrungen beruhen. Neu sind im HGB (neuer Fassung) die Bestimmungen über Handlungslehrlinge (§§ 76—82), Handlungsagenten (§§ 84—92) und über das Lagergeschäft (§§ 416 bis 424). Das neue HGB ist am 10. Mai 1897 vollzogen worden. Der sechste Abschnitt seines ersten Buches (§§ 59—83 über Handlungsgehilfen und Handlungslehrlinge) trat schon am 1. Januar 1898 in Kraft (mit Ausnahme des § 65). Auch zu ihm wie zum BGB ist ein Einführungsgesetz erlassen, welches das Verhältnis des neuen Gesetzbuches zu den Landesgesetzen und den Reichsgesetzen handelsrechtlichen Inhalts regelt und Übergangsbestimmungen gibt. Äußerlich unterscheidet sich das neue HGB vom alten dadurch, daß es in §§ (905) eingeteilt ist, während das alte in Artikel geteilt war.

Das HGB hatte, wie jedes Spezialgesetz, den ihm überwiesenen Stoff nur nach demjenigen Einteilungsgrunde zu ordnen, der für diesen besonderen Stoff als der zweckmäßigste erschien. Es behandelt im ersten Buche den Handelsstand von §§ 1—104, im zweiten Buche die Handelsgesellschaften und die stille Gesellschaft von §§ 105—342, im dritten Buche die Handelsgeschäfte von §§ 343—473 und im vierten Buche den Seehandel von §§ 474—905. Es fehlt in ihm das Versicherungsrecht, und die Lehre von den Handelsgesellschaften ist insofern unvollständig, als das Gesetz über die Erwerbs- und Wirtschaftsgenossenschaften vom 1. Mai 1889 und das über die Gesellschaften mit beschränkter Haftung vom 20. April 1892 neben dem HGB bestehen geblieben sind. Auch das Recht der Binnenschiffahrt ist durch ein besonderes Reichsgesetz (vom 15. Juni 1895) geregelt.

Das deutsche Handelsrecht beruht aber nicht auf dem HGB allein, sondern noch auf anderen Reichsgesetzen.

Auch das Seerecht ist im HGB nicht vollständig behandelt; seerechtliche Normen sind auch in der Seemannsordnung vom 27. Dezember 1872 und in der Strandungsordnung vom 17. Mai 1874 enthalten. Das See-Sachenrecht findet sich im BGB.

Das BGB kommt als subsidiäre Rechtsquelle auch in Handelssachen zur Anwendung, aber es ist nicht Quelle des Handelsrechts als eines Sonderrechtes.

§ 3. **Das Verhältnis der Rechtsquellen untereinander.**

I. Untereinander stehen die am 1. Januar 1900 ins Leben getretenen **Gesetze** gleich. Nur das HGB macht hiervon eine Ausnahme, da es als Spezialgesetz die Normen für diejenigen besonderen Rechtsverhältnisse gibt, die dem Handel angehören. Daher geht es in Handelssachen, d. h. bei der Beurteilung von Rechtsverhältnissen des Handelsrechts, dem BGB vor (Art. 2 EG z. HGB). Das BGB als die Norm für den allgemeinen bürgerlichen Verkehr kommt nur dann zur Anwendung, wenn nicht im HGB oder in dem zu diesem erlassenen Einführungsgesetz ein anderes bestimmt ist. Das BGB kommt demnach zur Anwendung nur, wo eine Ergänzung des HGB nötig ist, d. h.

1. da, wo das HGB die Anwendung des BGB ausdrücklich verlangt (§§ 27, 62, 75, 105, 139, 228, 338, 339, 347, 366, 368, 371, 374, 375, 382, 385, 396, 440, Art. 4, 14 EG),

2. da, wo es die Anwendung des BGB stillschweigend zuläßt, d. i. überall da, wo eine abweichende Vorschrift des HGB fehlt, also auch nicht durch Analogie aus dem Gesamtinhalt des als ein Ganzes aufzufassenden HGB entnommen werden kann.

Die anderen Reichsgesetze (außer dem BGB) werden durch das HGB nicht berührt, denn sie sind gleichfalls Spezialgesetze (Art. 2 Abs. 2 EG z. HGB). Das EG z. HGB hebt aber eine Reihe gesetzlicher Bestimmungen auf (Art. 8), zahlreiche andere reichsgesetzliche Bestimmungen ändert es ab (Art. 9—14).

Die landesgesetzlichen Vorschriften handelsrechtlichen Inhalts sind grundsätzlich durch das HGB aufgehoben und nur so weit aufrechterhalten, als das HGB oder das Einführungsgesetz dies ausdrücklich bestimmt (Art. 15—21).

II. Rechtsquelle ist auch das **Gewohnheitsrecht**,[1]) und zwar ist es für das Handelsrecht aus dem Grunde eine besonders wichtige Quelle, weil sich innerhalb eines besondern Berufsstandes leichter gewohnheitsrechtliche Normen bilden als im gesamten Volke.

Die Kraft des Gewohnheitsrechtes ist da, wo nicht ausdrückliche Gesetzesbestimmungen entgegenstehen, der des Gesetzes gleich. Es kann also Gesetzesrecht durch Gewohnheitsrecht nicht nur ergänzt, sondern sogar abgeändert werden (cons. praeter — contra legem); es kann endlich einem Gesetze durch Gewohnheit eine bestimmte Auslegung gegeben werden (Usualinterpretation).

Art. 1 des alten HGB versagte durch seine Bestimmung:

> „In Handelssachen kommen, insoweit dieses Gesetzbuch keine Bestimmungen enthält, die Handelsgebräuche" — damit das Gewohnheitsrecht meinend — „und in deren Ermangelung das allgemeine bürgerliche Recht zur Anwendung,"

dem Gewohnheitsrechte die Kraft, das HGB zu ändern, verlieh ihm derogatorische Kraft aber gegenüber dem allgemeinen bürgerlichen Recht.

Dem BGB und dem neuen HGB fehlen Vorschriften über das Gewohnheitsrecht. Die Entscheidung der Frage, ob und inwieweit in Zukunft gewohnheitsrechtliche Sätze verbindende Kraft haben, bleibt daher der Wissenschaft und der Rechtsprechung überlassen. Es wird unterschieden werden müssen:

a) partikuläres Gewohnheitsrecht, das nach Art. 2 RV als Landesrecht Reichsgesetze zwar nicht aufheben, wohl aber ergänzen,

b) allgemeines Gewohnheitsrecht, das als Reichsrecht Reichsgesetze sowohl ergänzen als abändern kann.

Damit ist dem Interesse der Reichsgesetzgebung an der Wahrung der durch die neue Kodifikation geschaffenen Rechtseinheit Genüge geleistet, und Art. 2 EG z. neuen HGB hat im Gegensatze zu Art. 1 des alten HGB das Gewohnheitsrecht nicht erwähnt, weil eine Wiederholung des Art. 1 des alten HGB. die Anerkennung auch des das HGB abändernden partikulären Gewohnheitsrechts enthalten haben würde.

Soweit aber neben der Reichsgesetzgebung das Landesrecht bestehen bleibt, behält das Gewohnheitsrecht diejenige Bedeutung, die ihm das Landesrecht einräumt. Überall da also, wo das Landesgesetz

---

[1]) S. darüber das Hauptwerk § 5.

die Anwendung gewohnheitsrechtlicher Normen nicht verbietet oder einschränkt, sind nicht allein die am 1. Januar 1900 in Übung gewesenen Gewohnheitsrechtssätze in Kraft geblieben, sondern kann sich auch neues Gewohnheitsrecht, und zwar sowohl ergänzendes als abänderndes, bilden (Art. 2, 3, 55 EG z. BGB, Art. 15 EG z. HGB).

Gewohnheitsrecht kann nur gefunden werden in der Betätigung dessen, was für rechtlich notwendig erachtet wird. Durch fortgesetzte Übung des geschäftlich zweckmäßigen entsteht ein bloßer Geschäftsgebrauch. Geschäftsgebrauch ist daher das bei gewissen Geschäften Übliche oder Gewöhnliche, das, was das BGB Verkehrssitte nennt. Diese Verkehrssitte dient zur Auslegung zweifelhafter, also auch zur Ergänzung unvollständiger Erklärungen und insbesondere zur Bestimmung der Leistungspflicht (§§ 157, 242). Überall da also, wo die Parteien das Übliche gewollt haben, ist der Geschäftsgebrauch auch dann maßgebend, wenn ein Teil oder auch beide Teile ihn nicht gekannt haben. Nach § 346 HGB ist unter Kaufleuten auf die Geschäftsgebräuche des Handelsverkehrs in jedem Falle Rücksicht zu nehmen.[1] Die sog. Börsenusancen sind zuerst meist bloße Geschäftsgebräuche, es entwickelt sich aus ihnen aber Gewohnheitsrecht, sobald das bisher Übliche für rechtsnotwendig gehalten wird. Das letztere wird von denjenigen Börsenusancen, welche von den Börsenorganen kundgemacht sind, ohne weiteres angenommen werden müssen.[2]

§ 4. Örtliche und zeitliche Grenzen des Handelsrechts.

I. Über die **örtlichen** Grenzen der Handelsgesetze fehlen allgemeine Vorschriften (sog. Kollisionsnormen). Das EG z. BGB, das in Art. 7—31 ein äußerst lückenhaftes internationales Privatrecht aufstellt, beschäftigt sich mit den besonderen, dem Handelsrecht angehörigen Rechtsinstituten nicht. Denn die Vorschriften über Geschäftsfähigkeit (Art. 7), über die Form der Rechtsgeschäfte (Art. 11), über das sog. Rückverweisungsprinzip (Art. 27), über Unanwendbarkeit fremden Rechts (Art. 30) gehören dem allgemeinen Recht an, kommen natürlich aber auch in Handelssachen zur Anwendung.

Es besteht daher auch für das Handelsrecht der Zweifel, nach welchem Gesetze sich die Wirkungen von Schuldverträgen und die Rechte an beweglichen Sachen bestimmen.

a) Die Wirkung von Schuldverträgen richtet sich nach der seit Savigny in Deutschland herrschenden Ansicht nach dem Rechte des Erfüllungsortes. Es ist jedoch anzunehmen, daß diese Ansicht nicht die herrschende

---

[1] S. darüber besonders RG 12, 371. Regelsberger: Pand. § 22 II. Danz: Die Auslegung der Rechtsgeschäfte 2. Aufl. 1906. S. 182ff.

[2] Staub: Komm. z. HGB 8. Aufl. S. 10ff.

bleiben, daß sie vielmehr durch die Lehre ersetzt werden wird, es sei das Personalstatut des Schuldners maßgebend (so RG 62, 379), wobei wiederum zweifelhaft sein kann, ob das Personalstatut sich nach dem Wohnsitz oder nach der Staatsangehörigkeit des Schuldners bestimmt. Für das Staatsangehörigkeitsprinzip spricht nicht nur der Umstand, daß es vom EG z. BGB in zahlreichen, vorzugsweise das Familienrecht und Erbrecht betreffenden Rechtsfragen als das maßgebende anerkannt worden ist, sondern auch, daß angenommen werden muß, der Schuldner habe sich dem ihm vermutlich bekannteren Recht unterwerfen wollen. Bei gegenseitigen Verträgen ist jeder Kontrahent nach seinem Recht und nur dann verpflichtet, wenn auch der andere Kontrahent verpflichtet ist (RG 51, 218).

b) Die Rechte an beweglichen Sachen bestimmen sich nicht, wie in früheren Zeiten öfter gelehrt wurde, nach dem Gesetze der Person des Berechtigten (mobilia ossibus inhaerent), sondern nach dem Gesetze des Ortes, an dem sich die Sache befindet. Von diesem Satze besteht eine Ausnahme für diejenigen Sachen, die bestimmungsgemäß einem fortwährenden Ortswechsel unterworfen sind (Eisenbahnwagen).

Maßgebend sind natürlich die durch Staatsverträge vereinbarten Kollisionsnormen. Solche das Handelsrecht berührende Verträge sind: der Weltpostvertrag vom 1. Juli 1878 und 21. März 1885 sowie das Übereinkommen vom 14. Oktober 1890 über den Eisenbahnfrachtverkehr.

Reichsgesetzliche Kollisionsnormen enthalten die Art. 84—86 WO über Wechselfähigkeit, Erfordernisse des Wechsels und die Form der Wechselproteste und § 68 des Börsengesetzes vom 22. Juni 1896.

II. Über die **zeitlichen** Grenzen der Gesetze hat allgemeine Vorschriften weder das EG z. BGB noch das zum HGB gegeben. Dagegen enthalten die in beiden Gesetzen erlassenen Übergangsbestimmungen (Art. 153—218 EG z. BGB und Art. 22—28 EG z. HGB) eine Reihe von Sonderbestimmungen betreffs einzelner am Tage des Inkrafttretens dieser Gesetze (also 1. Januar 1900) bestehender Rechtsverhältnisse.

Erstes Buch: Der Handelsstand.

§ 5. Übersicht.

Das HGB zählt zum Handelsstande außer den Kaufleuten, d. h. den Personen, welche ein Handelsgewerbe für eigene Rechnung treiben, die Personen, welche in einem Abhängigkeitsverhältnisse zum Kaufmanne stehen und ihm im Handelsgewerbe kaufmännische Dienste leisten, ferner aber auch diejenigen Personen, welche, ohne in einem Abhängigkeitsverhältnisse zu einem Kaufmanne zu stehen, namens eines solchen Handelsgeschäfte schließen oder für ihn Handelsgeschäfte vermitteln.

§ 6. Der Kaufmann.

Sowohl nach dem alten als nach dem neuen HGB stehen die Begriffe Kaufmann und Handelsgeschäft in so enger Beziehung, daß bei der Bestimmung des einen der andere Begriff als bekannt vorausgesetzt wird. Doch war das alte HGB ein Spezialrecht des Handelsverkehrs, das neue ist ein Spezialrecht des Handelsstandes. Denn es gibt nach neuem Rechte nicht mehr absolute Handelsgeschäfte, d. i. solche, die Handelsgeschäfte an sich sind, ohne Rücksicht darauf, wer das Geschäft schließt.

Kaufmann ist (§ 1 HGB) derjenige, der ein Handelsgewerbe betreibt. Unter Gewerbe versteht man jede mit Gewinnabsicht „als unmittelbare Einnahmequelle betriebene dauernde Tätigkeit" (RG 39, 137). Unter Handelsgewerbe würde an sich also jede derartige dem Handel gewidmete Tätigkeit anzusehen sein. Das HGB zieht aber den Begriff Handelsgewerbe weiter. **Handelsgewerbe** ist nämlich, und zwar ohne Rücksicht auf den Umfang des Betriebs und ohne Rücksicht darauf, ob der Betrieb des Handelsgewerbes den ausschließlichen oder den Hauptberuf bildet oder nicht:

1. der gewerbsmäßige Betrieb bestimmter Arten von Handelsgeschäften,

2. jedes gewerbliche Unternehmen, das nach Art und Umfang einen in kaufmännischer Weise eingerichteten Geschäftsbetrieb erfordert, sofern die Firma des Unternehmers im Handelsregister eingetragen ist.

Es gibt demnach keine absoluten Handelsgeschäfte, folglich auch nicht mehr einen Gegensatz zwischen absoluten und relativen Handelsgeschäften. Dagegen besteht nach wie vor der Gegensatz von Grundgeschäften und Nebengeschäften des Handelsgewerbes: Grundgeschäfte sind die, deren gewerbsmäßiger Betrieb in jedem Fall ein Handelsgewerbe bildet, Nebengeschäfte diejenigen, welche den Betrieb des Handelsgewerbes fördern (§ 343 HGB). Grundgeschäfte sind demnach sowohl diejenigen bestimmten, im HGB § 1 aufgeführten Geschäfte, deren gewerbsmäßiger Betrieb in jedem Fall ein Handelsgewerbe ausmacht, als auch diejenigen, im HGB nicht aufgeführten und überhaupt nicht bestimmbaren Geschäfte, welche den Gegenstand eines kaufmännisch betriebenen gewerblichen Unternehmens bilden. Man kann die ersteren (nach Staub) reine, die letzteren hypothetische Grundgeschäfte nennen.

Die **bestimmten** Grundhandelsgeschäfte sind:

1. die Anschaffung und Weiterveräußerung von beweglichen Sachen (Waren) oder Wertpapieren, ohne Unterschied, ob die Waren unverändert oder nach einer Bearbeitung oder Verarbeitung weiter veräußert werden. Unter Anschaffung versteht man den Erwerb des Eigentums einer beim Veräußerer bereits vorhandenen Sache durch Rechtsgeschäft (RG 21, 36). Sie bildet den Gegensatz zur Urproduktion. Letztere ist danach an sich nicht Gegenstand eines Handelsgewerbes. Die Anschaffung allein reicht indes nicht aus, ein Handelsgewerbe zu begründen, erfordert ist die Anschaffung und Weiterveräußerung, d. h. sowohl die zum Zwecke der Weiterveräußerung bewirkte Anschaffung als auch die Weiterveräußerung der angeschafften Waren. Handelsgewerbe ist nicht nur der reine Umsatz der unveränderten Ware, sondern auch das Handwerk, wenn es auf Veräußerung der aus angeschafftem Rohstoff hergestellten Waren gerichtet ist (also namentlich das Fleischer-, Bäcker- und Gastwirtsgewerbe);

2. die Übernahme der Bearbeitung oder Verarbeitung von Waren für andere, sofern der Betrieb über den Umfang des Handwerks hinausgeht; vorausgesetzt ist hier, daß der andere das Material liefert; ob der Betrieb über den Umfang eines bloßen Handwerks hinausgeht, ist Tatfrage;

3. die Übernahme von Versicherungen gegen Prämie;

4. die Bankier- und Geldwechslergeschäfte;

5. die Übernahme der Beförderung von Gütern oder Reisenden zur See, die Geschäfte der Frachtführer oder der zur Beförderung von Personen zu Lande oder auf Binnengewässern bestimmten Anstalten sowie die Geschäfte der Schleppschiffahrtsunternehmer;

6. die Geschäfte der Kommissionäre, der Spediteure und der Lagerhalter;

7. die Geschäfte der Handlungsagenten und der Handelsmäkler;

8. die Verlagsgeschäfte, sowie die sonstigen Geschäfte des Buch- und Kunsthandels;

9. die Geschäfte der Druckereien, sofern ihr Betrieb über den Umfang des Handwerks hinausgeht.

Die **unbestimmten** (hypothetischen) Handelsgeschäfte können außerordentlich mannigfaltig sein. Vorausgesetzt ist nur gewerbliches Unternehmen und kaufmännischer Betrieb. Da sie in Gegensatz gestellt sind zu den bestimmten Handelsgeschäften, so gehören unter sie alle diejenigen gewerblichen Betriebe, die nicht schon eines jener bestimmten Geschäfte zum Gegenstande haben, insbesondere also der Ziegeleibetrieb, der Bergbau, die Geschäfte der Auskunftsbureaus. Da aber das Publikum nicht wissen und häufig nicht beurteilen kann, ob bei diesen Unternehmungen die Erfordernisse eines kaufmännischen Betriebs vorliegen, so ist ein äußerlich erkennbares Zeichen erfordert: die Eintragung der Firma. Jene Unternehmungen sind also Handelsgewerbe nur dann, wenn ihre Firma eingetragen ist. Es besteht für sie aber eine Pflicht zur Firmeneintragung, während für die mit Land- oder Forstwirtschaft verbundenen Nebengewerbe, auch wenn sie kaufmännisch betrieben werden (Brennereien, Zuckerfabriken), nur ein Recht auf Firmeneintragung besteht. Man muß daher selbstständige Gewerbe und landwirtschaftliche Nebengewerbe unterscheiden.

Wer ein solches Nebengewerbe betreibt, vom Eintragsrechte aber keinen Gebrauch macht, betreibt ein Handelsgewerbe, ohne Kaufmann zu sein, und derjenige, der das Handelsgewerbe noch nicht oder nicht mehr betreibt, dessen Firma aber schon oder noch eingetragen ist, kann gegenüber dem, der sich auf die Eintragung beruft, nicht einwenden, daß er kein Handelsgewerbe betreibe, auch wenn jener von dieser Tatsache Kenntnis hat (§§ 3, 5 HGB).

Aus dem Begriffe Kaufmann folgt der Begriff Handelsgeschäft. **Handelsgeschäfte** sind nämlich alle Geschäfte eines Kaufmanns, die zum Betriebe seines Handelsgewerbes gehören (§ 343), mag es sich um ein Grund- oder um ein Nebengeschäft handeln. Die bestimmten Grundhandelsgeschäfte (§ 1 Abs. 2 HGB) aber haben die Eigenschaft von Handelsgeschäften auch dann, wenn sie von einem Kaufmann im Betriebe seines gewöhnlich auf andere Geschäfte gerichteten Handelsgewerbes geschlossen werden (§ 343 Abs. 2 HGB). Nach gesetzlicher Vermutung (§ 344 Abs. 1) wird von jedem von einem Kaufmanne geschlossenen Geschäft angenommen, daß es zum Betriebe seines Handelsgewerbes gehöre. Diese Vermutung kann in jeder Weise widerlegt werden. Ferner gilt die Vermutung, daß die von einem Kaufmanne gezeichneten Schuldscheine im Betriebe seines Handelsgewerbes gezeichnet seien. Diese letztere Vermutung kann nur durch den Inhalt des Schuldscheins selbst entkräftet werden

(§ 344 Abs. 2). In keinem Fall aber bedarf es zur Widerlegung einer ausdrücklichen Gegenbeweisantretung, vielmehr hat das Gericht die jene Vermutungen entkräftenden ihm von einer der Parteien vorgetragenen Tatsachen von Amts wegen zu berücksichtigen.

Für das neue Handelsrecht kann also der Satz aufgestellt werden: Alle Geschäfte eines Kaufmanns sind Handelsgeschäfte, alle Geschäfte eines Nichtkaufmanns sind Nichthandelsgeschäfte. Das neue Handelsrecht ist demnach ein Recht der Kaufleute geworden. Ist ein Geschäft nur für den einen Teil Handelsgeschäft, für den andern nicht, so kommen doch die Grundsätze des HGB zur Anwendung (§ 345 HGB). Gewisse Rechtssätze des Handelsrechts kommen jedoch nur dann zur Anwendung, wenn es ein sog. beiderseitiges, d. h. wenn es für beide Kontrahenten Handelsgeschäft ist (vgl. §§ 353, 368, 369, 377, 379 HGB). Einzelne Rechtssätze des Handelsrechts kommen hingegen nicht zur Anwendung auf Kleinkaufleute (§§ 348—351 HGB).

Nach dem bisherigen Rechte (Art. 275) waren Verträge über unbewegliche Sachen niemals Handelsgeschäfte. Diesen Satz hat das neue HGB gestrichen. Es können also nach neuem Rechte die Gewerbe der Bauunternehmer und der Grundstücksmäkler Handelsgewerbe sein (§ 2 HGB), und das von einem Kaufmanne geschlossene Rechtsgeschäft über den Erwerb oder die Miete eines zu Geschäftszwecken benötigten Grundstücks ist nach neuem Rechte Handelsgeschäft (§ 343 Abs. 1).

Im Rechtsverkehr ist demnach Kaufmann ein jeder Gewerbetreibende, der entweder die im § 1 des HGB aufgezählten Handelsgeschäfte gewerbsmäßig betreibt (Kaufmann kraft Gewerbebetriebs), oder dessen Firma eingetragen ist (Kaufmann kraft Eintragung). Ist die Firma eingetragen, so kann vom Firmeninhaber nicht eingewendet werden, daß sein Gewerbe ein Handelsgewerbe nicht sei (§§ 2, 5 HGB).

Die für Kaufleute gegebenen Bestimmungen finden ohne Rücksicht darauf, ob ein gewerbsmäßiger Handelsbetrieb vorliegt, auf alle Handelsgesellschaften (offene, Kommandit- und Aktiengesellschaft), auf eingetragene Genossenschaften und Gesellschaften mit beschränkter Haftung Anwendung (§§ 6, 210, 320 HGB, 17 Ges. v. 1. Mai 1889, 13 Ges. v. 20. April 1892).

§ 7. Der Minderkaufmann.

Das HGB teilt die Kaufleute ein in Vollkaufleute und Minderkaufleute. Vollkaufleute sind diejenigen, denen alle gesetzlichen Rechte des Kaufmanns zustehen und alle gesetzlichen Pflichten eines solchen obliegen. Der Minderkaufmann hat keine Firma, braucht keine Handelsbücher zu führen, die Vollmacht, die er erteilt, kann nie Prokura sein, und eine Vereinigung von Minderkaufleuten zum Betriebe des Handelsgewerbes eines Minderkaufmannes ist keine Handelsgesellschaft. Als Minderkaufleute bezeichnet das neue Recht (§ 4 HGB) die Handwerker und diejenigen Personen, deren Gewerbebetrieb nicht über den Umfang des Kleingewerbes hinausgeht. Danach ist ein Handwerker, sofern er Handelsgeschäfte gewerbsmäßig betreibt, also insbesondere Anschaffungen von Rohmaterial zum Zwecke der Weiterveräußerung in be- oder verarbeitetem Zustande vornimmt, Kaufmann, er ist aber Minderkaufmann, wenn sein Gewerbe Handwerkbetrieb bleibt, d. i. wenn die Handarbeit den Hauptfaktor der Wertserzeugung bildet (§ 4 HGB). Ein Kleingewerbe betreibt jeder, der zwar gewerbsmäßig Handelsgeschäfte schließt, der aber zum ordnungsmäßigen Betriebe seines Gewerbes kaufmännischer Einrichtungen nicht bedarf, wie die Höker, Trödler, Hausierer. Ob Wirte, welche das frühere Recht ausdrücklich und ausnahmslos den Minderkaufleuten beigesellte, Voll- oder Minderkaufleute sind, entscheidet sich jetzt nach dem Umfang ihres Betriebes.

§ 8. Der minderjährige Kaufmann.

Ein Minderjähriger kann Kaufmann sein, mit Genehmigung des gesetzlichen Vertreters und des Vormundschaftsgerichts (§ 112). Diese Genehmigung bewirkt, daß der Minderjährige zur selbständigen Vornahme derjenigen Rechtsgeschäfte befähigt wird, die der Betrieb des Erwerbsgeschäftes mit sich bringt, sie bewirkt aber keine Freiheit von der vormundschaftsgerichtlichen Genehmigung in den Fällen, in denen der Inhaber der elterlichen Gewalt oder der Vormund dieser Genehmigung bedarf (§§ 1643, 1821, 1822 BGB).

§ 9. Die Handelsfrau.

Das alte HGB hielt es in Art. 6 für nötig, gegenüber zahlreichen veralteten partikularrechtlichen Normen ausdrücklich zu bestimmen, daß eine Person weiblichen Geschlechtes, welche ein Handelsgewerbe betreibt, alle Rechte und Pflichten eines Kaufmanns hat. Eine solche Bestimmung war im neuen HGB nicht mehr erforderlich, da das Geschlecht im heutigen Privatrecht einen Einfluß auf Rechts- oder Geschäftsfähigkeit nicht mehr ausübt.

Auch eine Ehefrau kann Kaufmann sein. Da die Frau durch die Verheiratung keine Einschränkung ihrer Geschäftsfähigkeit erleidet, kann sie durch selbständig vorgenommene Rechtsgeschäfte erwerben und Verpflichtungen eingehen, sie ist daher auch prozeßfähig (§ 1399 BGB, § 52 ZPO). Dagegen ist sie nicht befugt, durch Rechtsgeschäfte oder prozessualische Handlungen über ihre dem Rechte des Mannes unterworfenen Vermögensgegenstände zu verfügen. Aus ihrer Geschäftsfähigkeit folgt das Recht, auch ohne Zustimmung des Mannes ein selbständiges Erwerbsgeschäft zu treiben und innerhalb dieses Betriebes Rechtshandlungen vorzunehmen. Die Zustimmung oder Nichtzustimmung des Mannes hat jedoch güterrechtliche Wirkungen. Denn wenn die Frau ein Erwerbsgeschäft ohne Zustimmung des Mannes betreibt, so haftet sie ihren Geschäftsgläubigern nur mit ihrem Vorbehaltsgute, und der Mann kann, wenn wegen solcher Schulden das seinen Rechten unterworfene Vermögen der Frau im Wege der Zwangsvollstreckung angegriffen wird, seine Rechte im Wege der Widerspruchsklage geltend machen (§ 771 ZPO). Hat der Mann dagegen seine Zustimmung erteilt, so haftet für die Handelsschulden der Frau das Eingebrachte oder das Gesamtgut (§§ 1412, 1405, 1452, 1459, 1460, 1532, 1549 BGB). Die Genehmigung des Mannes kann sich in bloßer Duldung betätigen, kann nur unbeschränkt erteilt, aber jederzeit widerrufen werden. Nach neuem Rechte wirkt der Einspruch oder Widerruf Dritten gegenüber nur, wenn er in das Güterrechtsregister eingetragen wird (§§ 1405, 1435, 1452 BGB). Nach BGB wird der Geschäftserwerb Vorbehaltsgut der Frau bei bestehender Verwaltungsgemeinschaft, dagegen gemeinschaftliches Eigentum bei bestehender Gütergemeinschaft (§§ 1367, 1459, 1460, 1519, 1524, 1532, 1533 BGB).

§ 10. Die Firma.

Der Kaufmann tritt dem Publikum unter bestimmtem, mit seinem bürgerlichen Namen nicht immer übereinstimmendem Namen gegenüber d. i. mit seiner **Firma**: sie ist der Name, unter welchem er die in seinen Handelsbetrieb fallenden Geschäfte schließt (§ 17 HGB).[1])

Die Führung einer Firma und deren Anmeldung zum Handelsregister gehört zu den Pflichten der Vollkaufleute und der ihnen gleichgestellten Personenvereinigungen d. i. der Handelsgesellschaften, der Gesellschaften mit beschränkter Haftung und der dem Gesetze vom 1. Mai 1889 unterliegenden Genossenschaften. Daraus folgt, daß der Einzelkaufmann zwei Namen, den bürgerlichen und den Handelsnamen (d. i. die Firma), eine zur Führung einer Firma verpflichtete Personenvereinigung aber nur einen Namen hat. Letztere kann nur unter diesem Namen, der Einzelkaufmann kann auch unter dem andern Namen auftreten; er kann (nach Abs. 2 § 17) sogar unter

[1]) „— unter welchem er im Handel seine Geschäfte schließt und die Unterschrift abgibt" (§ 17 HGB).

der Firma klagen und verklagt werden, eine Vorschrift, die dem Richter Recht und Pflicht nimmt, ohne besonderen Anlaß nach dem Inhaber der Firma zu forschen. Ein solcher Anlaß ist gegeben, wenn der Inhaber der Firma einen Eid leisten soll. Das Urteil macht Rechtskraft für und gegen denjenigen, welcher zur Zeit der Rechtshängigkeit des festgestellten Anspruchs Inhaber der Firma war.

Eintragungen in öffentlichen Büchern (Grundbuch, Schiffsregister usw.) können nur auf den bürgerlichen Namen des Berechtigten erfolgen. Über die Beschaffenheit der Firma gibt das HGB (§§ 18ff.) eingehende Vorschriften, zu denen § 3 Ges. vom 1. Mai 1899 und § 4 Ges. vom 20. April 1892 hinzutreten. Der Grundsatz der absoluten Firmenwahrheit ist zwar abgelehnt, denn es ist zugelassen, daß ein Geschäft unter der bisherigen Firma fortgeführt werde, auch wenn sie den Namen des oder der gegenwärtigen Geschäftsinhaber nicht widergibt, so daß sogar darüber Zweifel bestehen können, ob hinter der Firma ein Einzelkaufmann oder eine Handelsgesellschaft steht. Das HGB sucht aber den Grundsatz der Firmenwahrheit dadurch zur Geltung zu bringen, daß es die Übereinstimmung einer neuen, bei Errichtung des Geschäfts gebildeten Firma mit den tatsächlichen Verhältnissen verlangt. Daher hat der Einzelkaufmann seinen Familiennamen mit mindestens einem ausgeschriebenen Vornamen als Firma zu führen und sich jedes Zusatzes zu enthalten, der geeignet ist, ein Gesellschaftsverhältnis anzudeuten oder eine Täuschung über Art oder Umfang des Geschäfts oder die Verhältnisse des Geschäftsinhabers herbeizuführen. Dagegen sind Zusätze, die nur zur Unterscheidung der Person oder des Geschäfts dienen, gestattet. Die Firma der offenen Handelsgesellschaft muß den Namen wenigstens eines der Gesellschafter mit einem das Vorhandensein der Gesellschaft andeutenden Zusatz oder die Namen aller Gesellschafter, die Firma einer Kommanditgesellschaft den Namen wenigstens eines persönlich haftenden Gesellschafters mit einem das Gesellschaftsverhältnis andeutenden Zusatz enthalten, ferner sind die Zusätze „Aktiengesellschaft, Kommanditgesellschaft auf Aktien" sowie die Zusätze „Gesellschaft mit beschränkter Haftung", „eingetragene Genossenschaft" (mit Beifügung der Haftungsart) obligatorisch.

Eine neue Firma muß sich von allen an demselben Ort oder in derselben Gemeinde bestehenden und eingetragenen Firmen unterscheiden.

Die Firma genießt einen doppelten Rechtsschutz, indem der Gebrauch einer nicht gestatteten Firma dem Ordnungsstrafrecht des Registergerichts unterliegt, und das Firmenrecht wie das Namenrecht im Wege der Feststellungsklage sowie durch eine auf Unterlassung unbefugter Führung gerichtete Klage, bei verschuldeter Rechtsverletzung durch Schadensersatzklage geltend gemacht werden kann.

§ 11. Das Handelsregister.

Der Bekanntmachung nicht der Firma allein, sondern aller für die Vertretung und für die Haftung des Kaufmanns (Gesellschaft) wichtigen Umstände dient das bei den Amtsgerichten geführte, jedermann zugängliche **Handelsregister** (§ 125 FGG). Die meisten Eintragungen haben die Bedeutung bloßer Beurkundung, bei Aktiengesellschaften, Aktienkommanditgesellschaften, eingetragenen Genossenschaften und Gesellschaften mit beschränkter Haftung ist die Eintragung der Gesellschaft insofern rechtsbegründend, als sie den letzten Akt eines sich aus mehreren Handlungen zusammensetzenden Konstitutivgeschäfts (Gesamtakts) bildet, denn vor der Eintragung bestehen alle diese Gesellschaften als solche nicht (§§ 200, 320 Abs. 3 HGB; 13. Ges. v. 11. Mai 1889; 11 Ges. v. 20. April 1892). Die Eintragung der Firma kann ferner eine der Tatsachen sein, welche die Kaufmannseigenschaft des Eingetragenen begründen (§§ 2, 3, 5 HGB). Jede Eintragung muß der gegen sich gelten lassen, der sie veranlaßt hat; sie wirkt aber auch für und gegen den Dritten, es sei denn, daß er sie weder kannte noch kennen mußte. Ist aber die Eintragung und Bekanntmachung einer eintragungsbedürftigen Tatsache nicht erfolgt, so wirkt sie gegen den Dritten nur dann, wenn er sie gleichwohl gekannt hat (§ 15 HGB). Die geschehene Eintragung hat die Vermutung der Richtigkeit für sich.[1]

§ 12. Die Buchführung.

Der Vollkaufmann ist ferner zur **Buchführung** (§§ 38 ff. HGB), aus der seine Handelsgeschäfte und die Lage seines Vermögens vollständig zu ersehen sind, er ist zur Aufbewahrung der eingegangenen und einer Abschrift der abgesandten Handelsbriefe (Aufnahme in ein Kopierbuch) verpflichtet. Welche Bücher außerdem zu führen sind, damit die Buchführung jenen Zweck erfülle, richtet sich nach Art und Umfang des Geschäfts in Verbindung mit der Handelssitte. Im Gegensatze zu früheren prozessualischen Bestimmungen, welche das Maß der Beweiskraft feststellten, das ordnungsmäßig geführte Handelsbücher zugunsten dessen, der sie geführt, haben sollten, und zu denen auch die Artt. 34, 35 HGB gehörten, entscheidet heute (nach § 286 ZPO, § 13 ² EG hierzu) die freie Beweiswürdigung. Dabei gestattet die wiederholte, durch eine ordentliche Buchführung verursachte Überwachung der Geschäftsvorgänge und der Umstand, daß die Eintragungen nicht zum Zwecke der Beweisführung hergestellt werden, eine Abweichung von der hergebrachten Maxime **scriptura pro scribente nihil probat**

---

[1]) Die Einzelheiten betreffs der Führung des Registers s. in §§ 8—16 HGB; §§ 125—144 FGG.

bis zu dem Maße, daß die Eintragungen sogar jedes andere Beweismittel erübrigen können. Daß sie gegen ihren Hersteller beweisen, ist selbstverständlich, aber auch hier waltet freies Ermessen. Sie beweisen nur, sie haben nicht rechtsbegründende Wirkung; denn sie sind weder Geständnisse noch Anerkenntnisse. Das Gericht kann nach pflichtmäßigem Ermessen auf Antrag einer Partei und sogar von Amts wegen die Vorlegung der Handelsbücher einer Partei anordnen, es muß die Vorlegung anordnen, wenn der Gegner der beweisführenden Partei nach bürgerlichem Rechte zur Vorlegung verpflichtet ist (§§ 422, 423 ZPO, § 810, 716 BGB, §§ 118, 166 HGB).

Mit der Buchführungspflicht hängt die Pflicht des Kaufmanns zusammen, sowohl bei Beginn seines Geschäfts als auch nachher, und zwar regelmäßig für den Schluß eines jeden Geschäftsjahres (§§ 39, 40 HGB), eine Inventur seines Vermögens aufzunehmen und alljährlich eine Bilanz seines gesamten Vermögens aufzustellen. Die Unterlassung hat zivilrechtliche Folgen nicht, kann aber die Strafe wegen Bankerotts nach sich ziehen, wenn der Kaufmann seine Zahlungen einstellt oder in Konkurs gerät (§ 240^4 KO). Die Verpflichtung zur Inventur und Bilanzaufstellung beschränkt sich bei Gesellschaften auf das Gesellschaftsvermögen.

Man unterscheidet einfache und doppelte Buchführung. Die einfache Buchführung stellt nur den Kaufmann seinen Gläubigern und Schuldnern gegenüber, die doppelte Buchführung tut nicht nur dies, sondern unterscheidet innerhalb des Vermögens des buchführenden Kaufmanns verschiedene Vermögensteile, legt für jeden dieser Teile ein besonderes Konto an (Immobilien-, Kassa-, Effekten-, Waren-Konto) und personifiziert diese Konten so, daß ein jedes gegenüber dem andern als selbständige Person erscheint. Jedes Konto macht das „Soll“ und das „Haben“ ersichtlich: es wird angelegt für eine jede Person, welche mit dem Kaufmann Geschäfte schließt, und überschrieben mit dem Namen dieses Konteninhabers. Was diese Person empfangen oder eingenommen hat, das kommt unter das Soll oder Debet. Denn hat sie, was der einfachste Fall, Waren empfangen, so **debet** sie, so soll sie zahlen den Preis. Was jene Person geleistet oder hergegeben hat, kommt unter ihr „Haben“, es wird ihr „gutgeschrieben“. Hat sie also Waren zum Preise von 1800 Mark erhalten, so ist sie Schuldner der 1800 Mark, sie debet jene Summe. Hat sie hierauf bare 1000 Mark gezahlt, so werden die 1000 Mark auf ihre Haben- oder Kreditseite geschrieben; sind zur Deckung des Restes von 800 Mark zwei Wechsel gegeben von 300 und 500 Mark, so werden auch diese Wechsel auf die Kreditseite geschrieben, Debet und Kredit stehen jetzt einander gleich: der Kaufmann hat jedenfalls jetzt nichts zu fordern. Wird einer der Wechsel nicht bezahlt, so wird die

Wechselsumme wieder auf die Debetseite geschrieben. Ist bei doppelter Buchführung bares Geld in das Grundstück verwendet, so debet das Immobilienkonto dem Kassakonto den verwendeten Betrag. Die doppelte Buchführung gibt daher jederzeit einen klaren Überblick nicht bloß über den Vermögensstand des Kaufmanns, sondern auch darüber, bei welchem Vermögensteil ein Gewinn oder Verlust eingetreten ist.

§ 13. Das Warenzeichen.

Das Recht auf die Firma ist wie das jeder Person zustehende Recht auf den Namen, ein sog. Persönlichkeitsrecht. Dasselbe gilt von dem Rechte auf ein bestimmtes Warenzeichen.

Das Recht an Warenzeichen hat in Deutschland gesetzliche Anerkennung gefunden zuerst durch RGes. vom 30. November 1874 und dann durch RGes. vom 12. Mai 1894. Während das ältere Gesetz nur den in das Handelsregister eingetragenen Kaufleuten ein Markenschutzrecht gewährte, wird durch das neue Gesetz jedem, der das Interesse hat, seine Waren von denen anderer Gewerbetreibender durch ein in die Augen fallendes Zeichen zu unterscheiden, die Möglichkeit gewährt, das Markenschutzrecht zu erwerben. Dieses Recht besteht in der ausschließlichen Befugnis, ein selbstgewähltes, in die Zeichenrolle des Reichs-Patentamts eingetragenes Zeichen auf der Ware, der Verpackung oder Umhüllung, sowie auf Rechnungen, Preislisten, Ankündigungen als Mittel der Unterscheidung eigener Ware von fremder Ware zu verwenden und die mit dem Zeichen versehene Ware in den Verkehr zu bringen. Es ist ein absolutes Privatrecht, das mit einer auf Anerkennung, Beseitigung unbefugter Störung, Verbot künftiger Störung gerichteten, der **a. negatoria** vergleichbaren Klage geschützt wird und auch einen Anspruch auf Schadensersatz gewährt, wenn das Zeichen wissentlich oder aus grober Fahrlässigkeit widerrechtlich gebraucht oder eine mit ihm versehene Ware widerrechtlich in Verkehr gebracht oder feilgehalten wird. Ferner kann die Beseitigung der Zeichen, und falls dies nicht ausführbar, die Vernichtung der Ware verlangt werden. Die wissentliche Verletzung des Zeichenrechts zieht auf Antrag des Verletzten Bestrafung (150 bis 5000 Mark oder Gefängnis bis zu sechs Monaten) nach sich, mit welcher die Verurteilung zu einer Buße (bis 10000 Mark) verbunden werden kann.

Das Recht auf diesen Schutz genießt nur das eingetragene Zeichen. Die Eintragung erfolgt durch das Patentamt nach vorausgegangener Prüfung der Tauglichkeit und Neuheit des Zeichens. Ihr geht die Annahme des Zeichens durch den Berechtigten und die Anmeldung voran. Entspricht die Anmeldung den gesetzlichen Erfordernissen, so gewährt sie (hierin der Mutung vergleichbar) einen Anspruch auf die Eintragung und schließt gleichzeitig jeden andern vom Erwerbe desselben Zeichens aus.

Das erworbene Zeichenrecht ist Zubehör eines bestimmten Geschäftsbetriebs und kann nur mit diesem auf andere Personen übertragen werden. Es erlischt mit Aufgabe des Geschäftsbetriebs, durch Ablauf von zehn Jahren (Unterbrechung möglich) und durch eine solche Änderung der Verhältnisse, die das Zeichen als unwahr erscheinen läßt. Der Rechtsschutz dauert aber fort bis zur Löschung der Marke aus der Zeichenrolle, die auf Antrag des Berechtigten oder eines Dritten oder auch von Amts wegen erfolgen kann.

§ 14. Die Prokura und die Handlungsvollmacht.[1])

Je größer das Handelsgewerbe, desto stärker ist das Bedürfnis nach einer Vertretung des Kaufmanns. Die allgemeinen Grundsätze über die Stellvertretung sind jetzt im BGB enthalten, welches nach Vorgang insbesondere des preußischen Allgemeinen Landrechts und des alten HGB das Prinzip der unmittelbaren Stellvertretung durchführt.

Das HGB kennt eine unabänderliche und eine abänderliche **Handlungsvollmacht.**

1. Eine unabänderliche Vollmacht hat der **Prokurist** (§§ 48—53 HGB). Man bezeichnet so denjenigen, der von dem Inhaber des Handelsgeschäfts (dem Prinzipal) oder seinem gesetzlichen Vertreter ermächtigt ist, in dessen Namen und für dessen Rechnung das Handelsgeschäft zu betreiben und per procura die Firma zu zeichnen. Obwohl hiernach die Vollmacht gerichtet ist auf den Betrieb des Handelsgeschäfts (d. i. dieses Prinzipals), ermächtigt sie zu allen Arten von gerichtlichen und außergerichtlichen Geschäften und Rechtshandlungen, welche der Betrieb eines (d. i. irgendeines) Handelsgewerbes mit sich bringt. Sie ersetzt jede besondere Vollmacht, und eine Beschränkung ihres Umfangs hat Dritten gegenüber keine rechtliche Wirkung, selbst wenn der Dritte die Beschränkung kennt. Überschreitet der Prokurist aber seinen Auftrag, so ist er aus diesem dem Prinzipal haftbar (RG 30, 21). Die Zeichnung der Firma geschieht in der Weise, daß der Prokurist der Firma einen die Prokura andeutenden Zusatz und seinen Namen beifügt. Die Prokura kann einer oder mehreren Personen gemeinschaftlich erteilt werden; im letzteren Falle (der Gesamtprokura) können die mehreren Prokuristen mit verbindlicher Kraft nur gemeinschaftlich handeln, während jeder der besonders bestellten Prokuristen infolge der Unbeschränkbarkeit der

---

[1]) Vgl. Hauptwerk § 44.

Prokura selbständig zur unbegrenzten Vertretung des Prinzipals befugt ist.

Nicht ohne weiteres befugt ist der Prokurist zur Veräußerung und Belastung von Grundstücken.

2. Eine beschränkbare Vollmacht ist

a) die des **Handlungsbevollmächtigten** (§§ 54 ff. HGB) und

b) die des zu einzelnen Handelsgeschäften Bevollmächtigten.

Gemeinsam ist beiden eine Vollmacht zu Handelsgeschäften, deren Umfang der Machtgeber begrenzen kann. Der Unterschied liegt aber darin, daß der Umfang jener durch Gesetz, der Umfang dieser allein von dem Willen des Vollmachtgebers bestimmt wird. Jene ermächtigt zu allen Geschäften und Rechtshandlungen, die der Betrieb eines derartigen Handelsgewerbes oder die Vornahme derartiger Geschäfte gewöhnlich mit sich bringt; nur die Veräußerung und Belastung von Grundstücken, die Eingehung von Wechselverbindlichkeiten, die Aufnahme von Darlehen und die Prozeßführung sind ausgeschlossen. Der Prinzipal kann die Vollmacht einschränken, doch wirken Beschränkungen gegen den Dritten nur dann, wenn er sie kennt oder kennen muß.

Handlungsbevollmächtigter ist auch aa) der **Handlungsreisende**, wenn er zur Vornahme von Geschäften an Orten verwendet wird, an denen sich eine Niederlassung des Geschäftsinhabers nicht befindet. Er ist befugt, den Kaufpreis aus den von ihm abgeschlossenen Verkäufen einzuziehen und dafür Zahlungsfristen zu gewähren, sowie Mängelrügen und Erklärungen, daß eine Ware zur Verfügung stehe, entgegenzunehmen;

bb) der in einem offenen Warenlager oder in einem Laden Angestellte, denn er ist zu Verkäufen und Empfangnahmen ermächtigt, die in einem derartigen Warenlager oder Laden gewöhnlich geschehen.

Die Vollmacht zu einzelnen Handelsgeschäften unterliegt ausschließlich, jede andere Handelsvollmacht dem BGB insoweit, als Bestimmungen des HGB nicht entgegenstehen.

Prokura und Handlungsvollmacht sind nicht übertragbar (§§ 52, 58 HGB). Die Prokura erlischt nicht durch den Tod des Prinzipals, weil der Geschäftsbetrieb von der Person des Geschäftsinhabers regelmäßig unabhängig ist; ob der Tod des Prinzipals die einfache Handlungsvollmacht beendet, bestimmt sich nach allgemeinen Grundsätzen.

Sowohl der Prokurist als auch der Handlungsbevollmächtigte stehen in einem durch den Dienstvertrag begründeten Rechtsverhältnis zueinander. Sind die Prokura oder die Handelsvollmacht widerrufen, so ist nur die Ermächtigung zur Vertretung beseitigt, das Dienstverhältnis bleibt bestehen (§ 52 HGB).

§ 15. Der Handlungsgehilfe.

Die Rechtsverhältnisse der **Handlungsgehilfen** sind in den §§ 59—75 HGB geregelt.

Handlungsgehilfe ist, „wer in einem Handelsgewerbe zur Leistung kaufmännischer Dienste gegen Entgelt angestellt ist“ (§ 59). Durch die Leistung kaufmännischer Dienste unterscheidet er sich von den Personen, welche dem Kaufmann technische Dienste, und von denen, welche ihm Gesindedienste leisten. Durch die Anstellung tritt er in ein Dienstverhältnis zum Prinzipal; dadurch unterscheidet er sich vom Handlungsagenten, der in keinem Dienstverhältnis steht, daher nicht einem Prinzipal untersteht und nur für einzelne bestimmte Dienste Belohnung (Provision) erhält.

Umfang und Art der wechselseitigen Leistungen bestimmen sich in Ermangelung besonderer Vereinbarung nach dem Ortsgebrauch; fehlt es an einem solchen, so gelten die den Umständen nach angemessenen Leistungen als vereinbart. Die Dienste des Gehilfen können in dem Abschlusse von Handelsgeschäften namens des Prinzipals, also in einer Stellvertretung, bestehen. Der Gehilfe ist dann kraft der ihm erteilten Vollmacht Handlungsbevollmächtigter oder Prokurist des Prinzipals. Die Vollmacht unterliegt dem Widerrufe, damit wird aber der Dienstvertrag an sich nicht berührt.

Das Gehalt ist am Schluß eines jeden Monats zu zahlen, und eine Vereinbarung, wonach das Gehalt später zu zahlen, ist nichtig (§ 64).

Der Dienstvertrag kann durch eine jedem Teile freistehende, jedoch an eine Frist von sechs Wochen gebundene und nur zum Schluß eines Kalendervierteljahrs zulässige **Kündigung** gelöst werden. Für den Handlungsgehilfenvertrag gilt (§§ 67—69 HGB) noch das Besondere, daß eine bedungene Frist für beide Teile gleich sein und wenigstens einen Monat betragen muß, es sei denn, daß der Handlungsgehilfe ein Gehalt von mindestens 5000 Mark jährlich bezieht, oder daß er für eine außereuropäische Handelsniederlassung angenommen ist und der Prinzipal für den Fall, daß er kündigt, die Kosten der Rückreise zu tragen hat. Ebenso bei den gewerblichen Betriebsbeamten.

Von der Einhaltung der gesetzlichen Kündigungsfrist befreit ist derjenige, dem ein wichtiger Grund zu sofortiger Auflösung des Dienstverhältnisses zur Seite steht (§§ 626 BGB, 70 HGB). Die GewO (§§ 123, 124) zählt diese Gründe auf, und das HGB gibt in §§ 71, 72 einige Beispiele. Ob ein solcher wichtiger Grund vorliegt, ist im Streitfalle durch Urteil zu entscheiden.

Der Handlungsgehilfe unterliegt während seiner dienstlichen Stellung einem Konkurrenzverbote (§ 60). Häufig wird ihm aber auch für die Zeit nach seiner Entlassung durch Vertrag die Pflicht auferlegt, seinem früheren Prinzipale keine Konkurrenz zu machen.

Diese sog. Konkurrenzausschließungsverträge sah bisher eine feststehende Praxis insbesondere dann als gültig an, wenn die Verpflichtung sich auf eine bestimmte Zeit oder einen engbegrenzten Bezirk beschränkte. In Übereinstimmung hiermit erklärt § 74 HGB für den besonderen Fall, daß ein Handlungsgehilfe sich dem Prinzipal gegenüber in seiner gewerblichen Tätigkeit für die Zeit nach Beendigung des Dienstverhältnisses Beschränkungen unterwirft, die Vereinbarung für verbindlich nur insoweit, als die Beschränkung nach Zeit, Ort und Gegenstand nicht die Grenzen überschreitet, durch welche eine unbillige Erschwerung des Fortkommens für den Handlungsgehilfen ausgeschlossen wird; es erklärt gleichzeitig eine Beschränkung auf einen Zeitraum von mehr als drei Jahren als zu weitgehend.

§ 16. **Handlungslehrling.**

Durch den Lehrvertrag übernimmt der Lehrherr die Pflicht, den Lehrling in einem bestimmten Gewerbe zu unterrichten, während der Lehrling die Verpflichtung eingeht, für den Lehrherrn zu arbeiten und seinen Anordnungen zu folgen. Das römische Recht behandelte den Lehrvertrag, weil er die Ausbildung von Sklaven, also die Verbesserung einer Sache, zum Gegenstand hatte, als locatio conductio operis. Seine Ausgestaltung hat er durch das deutsche Recht erfahren (vorzugsweise durch die Zunftordnungen). Reichsgesetzliche Bestimmungen enthält die Gewerbeordnung (§§ 126 bis 133) und für Handlungslehrlinge jetzt das HGB (§§ 76—82). Diesem deutschrechtlichen Lehrvertrag ist der Eintritt des Lehrlings in das Hauswesen des Lehrherrn und die Unterwerfung des Lehrlings unter die väterliche Zucht des Lehrherrn eigentümlich, während die Zahlung eines Lehrgeldes nicht wesentlich ist.[1]) Wie der Gesindedienstvertrag, so begründet auch der Lehrvertrag nicht nur rein vermögensrechtliche Beziehungen, sondern auch höchstpersönliche Rechte und Pflichten, er ist daher ein Dienstvertrag eigener Art.

Der Lehrvertrag ist zwar formfrei, doch können Ansprüche wegen unbefugter Lösung des Lehrverhältnisses nur, wenn der Vertrag schriftlich geschlossen ist, geltend gemacht werden (§§ 130, 132 GewO, § 79 HGB). Innerhalb des ersten Monats kann der Vertrag fristlos gekündigt werden, eine Ausdehnung dieser Probezeit auf mehr als drei Monate ist unzulässig. Nach Ablauf der Probezeit währt das

---

[1]) Die Unterwerfung unter die väterliche Zucht besteht gesetzlich nur bei den Handwerkslehrlingen. Handlungslehrlinge sind zur Arbeitsamkeit und zu guten Sitten anzuhalten.

Lehrverhältnis die vereinbarte oder ortsübliche Zeit und kann vorher nur aus den Gründen aufgehoben werden, die zu einer vorzeitigen Lösung des Handlungsgehilfenverhältnisses berechtigen; der Lehrling kann den Vertrag auch dann lösen, wenn der Lehrherr seine Verpflichtungen gegen den Lehrling in einer dessen Gesundheit, Sittlichkeit oder Ausbildung gefährdenden Weise vernachlässigt. Der Lehrling behält jedoch die Freiheit, zu einem andern Gewerbe oder Beruf überzugehen; macht er von dieser Befugnis Gebrauch, so muß dies dem Lehrherrn schriftlich mitgeteilt werden, der Lehrvertrag endet dann nach HGB nach einem Monat. Nach Beendigung des Lehrverhältnisses ist dem Lehrling ein Zeugnis auszustellen.

§ 17. Handelsmäkler und Handlungsagenten.

Das BGB hat über den Mäklervertrag in den §§ 652—656 einige allgemeine Grundsätze aufgestellt, das neue HGB hat in den §§ 93—104 die Rechtsverhältnisse der Handelsmäkler und in den §§ 84—92 die der Handlungsagenten geregelt. Beide sind Kaufleute.

Handelsmäkler ist, wer gewerbsmäßig für andere Personen, ohne von ihnen auf Grund eines Vertragsverhältnisses ständig damit betraut zu sein, die Vermittlung von Verträgen über Anschaffung oder Veräußerung von Waren oder Wertpapieren, über Versicherungen, Güterbeförderungen, Bodmerei, Schiffsmiete oder sonstige Gegenstände des Handelsverkehrs übernimmt. Die Grundstücks- und Hypothekenmäkler sind demnach keine Handelsmäkler. **Handlungsagent** ist, wer, ohne als Handelsgehilfe angestellt zu sein, ständig damit betraut ist, für das Handelsgewerbe eines andern Geschäfte zu vermitteln oder im Namen des andern abzuschließen. Er ist ständig für das Handelsgewerbe einer bestimmten Person tätig, und zwar auf Grund eines Vertrags, den er durch die Vermittlung einzelner Geschäfte ausführt. Der Handelsmäkler dagegen geht mit einem jeden, der sich seiner Hilfe bedienen will, einen auf Abschließung eines bestimmten Geschäftes gerichteten Vertrag ein.

1. Wie nach früherem, so hat auch nach neuem Rechte (§ 652 BGB) der Mäkler wie der Handelsmäkler einen Anspruch auf die bedungene taxmäßige oder übliche Belohnung (Provision) nur dann, wenn durch seine Tätigkeit ein rechtsgültiges Geschäft zustande gekommen ist; daher geht er seiner Belohnung auch dann verlustig, wenn das von ihm wohlvorbereitete Geschäft durch freien Entschluß des Auftraggebers vereitelt wird (daher das Rechtssprichwort „Mäklers Müh ist oft umsonst“); hat der Auftraggeber aber dabei arglistig gehandelt, so hat der Mäkler einen Anspruch auf Schadens-

ersatz, d. h. regelmäßig auf die ihm entzogene Provision. Der Handlungsagent kann nur, wenn das Geschäft auch ausgeführt, d. i. beim Verkaufe die Zahlung eingegangen ist, Provision verlangen, aber auch von denjenigen Geschäften, die durch ein ungerechtfertigtes Verhalten des Geschäftsherrn vereitelt worden sind (§ 88 HGB).

2. Der Auftraggeber muß die von dem Mäkler geleisteten Dienste angenommen haben; er muß sich also dessen bewußt sein, daß der Mäkler für ihn tätig ist oder gewesen ist (RG 31, 289, vgl. auch SeuffArch. 57 Nr. 6). Auch diese den Mäklervertrag vom Dienstvertrag unterscheidende Eigenheit gibt ihm die Natur eines Realkontraktes.

3. Der Mäkler hat nur Anspruch auf die Provision, nicht auch auf Ersatz derjenigen Aufwendungen, die er im Interesse der Geschäftsvermittlung gemacht hat. Der Handlungsagent kann die Provision von jedem einzelnen Geschäfte verlangen, und ist er ausdrücklich für einen bestimmten Bezirk bestellt, so hat er ein Recht auf Provision auch für diejenigen Geschäfte, die in diesem Bezirk ohne seine Mitwirkung vom Geschäftsherrn oder für diesen geschlossen werden. Für Verkäufe kann er Provision erst fordern, wenn die Zahlung eingegangen ist.

4. Der Mäkler hat die Pflicht, die Interessen seines Geschäftsherrn wahrzunehmen. Ist er von dieser Pflicht nicht durch seinen Auftraggeber befreit, so ist er seiner Ansprüche verlustig, falls er auch für den andern Teil tätig ist. Dieselbe Pflicht folgt für den Handlungsagenten schon aus dem einen Akt des Vertrauens bildenden Vertrage, durch den er vom Geschäftsherrn bestellt wird. Der Handelsmäkler aber handelt nach der Auffassung des Gesetzes für beide Parteien, er hat daher im Zweifel von jeder Partei die Hälfte der Provision zu fordern (§ 99).

5. Die Tätigkeit des Mäklers und des Handelsmäklers ist mit dem Vertragsschlusse beendet, er schließt aber nicht selbst den Vertrag, sondern er führt nur die Kontrahenten zum Vertragsschlusse zusammen, er ist also nicht Stellvertreter seines Auftraggebers. Der Handlungsagent steht in einem Vertragsverhältnisse von gewöhnlich unbestimmter Dauer zum Geschäftsherrn, das außer beim Vorhandensein wichtiger Gründe von jedem Teile unter Wahrung einer sechswöchigen Frist zum Schlusse jeden Kalendervierteljahrs gekündigt werden kann.

6. Der Handelsmäkler hat die besondere Pflicht, ein Tagebuch zu führen und sogleich nach Abschluß des Geschäfts jeder Partei eine sog. Schlußnote zuzustellen, welche die Parteien, den Gegenstand des Geschäfts und die Vertragsbedingungen enthält. Er hat ferner die Pflicht, die dem Geschäft zugrunde gelegte Warenprobe aufzubewahren.

7. Endlich kennt das Börsengesetz vom 22. Juni 1896 **Kursmäkler.** Sie sind Hilfspersonen des Börsenvorstandes und wirken neben diesem mit bei der amtlichen Feststellung des Börsenpreises von Waren und Wertpapieren. Sie müssen, solange sie Kursmäkler sind, die Vermittlung von Börsengeschäften in den betreffenden Waren oder Wertpapieren betreiben, also Handelsmäkler sein, werden aber von der Landesregierung bestellt und entlassen und leisten vor Antritt ihrer Stellung einen Eid (§§ 29—34 angef. Ges., Art. 14 I EG. z. neuen HGB).

Zweites Buch: Die Handelsgesellschaften.

§ 18. Übersicht.

Unter der Bezeichnung Handelsgesellschaften versteht man eine Reihe von Personenvereinigungen, die durch Vertrag entstehen. Dieser Entstehungsgrund ist allen Gesellschaften, auch der des bürgerlichen Rechtes, gemeinsam. Einige der Handelsgesellschaften aber sind, einmal entstanden, juristische Personen. In jedem Falle bewirkt der Vertrag für sich allein nichts weiter als ein Rechte und Pflichten erzeugendes, die Vertragsteile untereinander verbindendes Rechtsverhältnis. Die Auffassung dieses Verhältnisses hat mannigfache Wandlungen durchgemacht: das römische Recht erblickte in ihm nichts weiter als ein Vertragsverhältnis einander selbständig gegenüberstehender Personen, das deutsche Recht eine die Genossen aneinanderschließende Gemeinschaft, ein Gegensatz, der in dem Rechtsverhältnisse des den Gesellschaftszwecken dienenden Vermögens hervortritt. Die römische **societas** nämlich hat kein Gesellschaftsvermögen: die von den Genossen dem Gesellschaftszwecke gewidmeten und die im Betriebe der gesellschaftlichen Tätigkeit erworbenen Gegenstände werden Miteigentum der **socii** zu bestimmten ideellen Anteilen; der Anteil aber bildet einen frei veräußerlichen, daher auch dem Zugriffsrechte der Gläubiger ausgesetzten Vermögensgegenstand des einzelnen. Daher gibt es keine Gesellschaftsforderungen, denn hat eine allen zustehende Forderung einen unteilbaren Gegenstand, so tritt eine solidarische Berechtigung jedes einzelnen Gesellschafters ein; ist ihr Gegenstand teilbar, so bestehen nach dem Grundsatze **nomina sunt ipso jure divisa** so viele einzelne Teilforderungen, als **socii** vorhanden sind. Es gibt auch keine Gesellschaftsschulden: die im Interesse der Gesellschaft kontrahierten Schulden sind Obligationen der einzelnen Gesellschafter; der Gläubiger kann den einzelnen **socius** oder alle Gesellschafter verklagen, und hat er einen vollstreckbaren Schuldtitel erlangt, so kann er sich nur an das Vermögen desjenigen Gesellschafters halten, gegen den dieser Titel lautet.

Anders das in sehr zahlreichen Abstufungen erscheinende deutschrechtliche Prinzip der „gesamten Hand". Seine praktische Bedeutung zeigt sich darin, daß es nach ihm ein Gesellschaftsvermögen gibt,

d. h. ein Vermögen, das zwar nicht einem von den Genossen verschiedenen Rechtssubjekte, sondern den Genossen gehört, das aber an den Gesellschaftszweck gebunden und daher der freien Verfügung, mithin auch dem Zugriffsrechte der Gläubiger des einzelnen entrückt ist. Denn der dem einzelnen gebührende Anteil ist nicht ein Bruchteil und läßt sich nicht durch Ziffern bestimmen. Gesellschaftsforderungen stehen weder dem einzelnen zu einem Teile noch jedem solidarisch, sondern allen Gesellschaftern zusammen zu. Gesellschaftsschulden vermindern das Gesellschaftsvermögen, sie können gegen alle socii geltend gemacht werden, und für ihre Befriedigung haftet jedenfalls zunächst das Gesellschaftsvermögen.

Die Aufnahme des römischen Rechts hat zuerst nicht vermocht, das deutsch-rechtliche Prinzip zu verdrängen, das vielmehr noch am Ende des 18. Jahrhunderts im preußischen Allgemeinen Landrecht zur Geltung gelangte. Dagegen war die individualistische Richtung des 19. Jahrhunderts dem römischen Rechte günstig, das denn auch im sächsischen Gesetzbuche des Jahres 1863 und im ersten Entwurfe des BGB vom Jahre 1888 fast ungetrübt zum Ausdrucke kam.

Indessen hatte sich im Handelsrechte das wirtschaftlich zweckmäßigere deutsch-rechtliche Prinzip erhalten und im HGB von 1861 bei Normierung der offenen Handelsgesellschaft und der Kommanditgesellschaft gesetzliche Anerkennung gefunden. Das BGB hat sich vom römischen Rechte nicht vollständig losgesagt, sich aber im wesentlichen an das deutsche Recht angeschlossen, so daß zwischen der Gesellschaft des neuen bürgerlichen Rechts und der Handelsgesellschaft weniger Unterschiede bestehen, als zwischen dieser und der societas des römischen Rechts.

Es gibt aber auch Gesellschaften, welche juristische Personen sind. Obwohl sie einen Vertrag zur Grundlage haben müssen, tritt bei ihnen mit dem Augenblicke des Daseins der juristischen Person das die Kontrahenten untereinander verknüpfende Rechtsverhältnis an Bedeutung zurück hinter der Tatsache, daß nunmehr ein neues Rechtssubjekt vorhanden ist, dem die gesellschaftlichen Rechte und Pflichten allein zustehen.

2. Das BGB kennt nur eine einzige **Gesellschaftsform**, seine Bestimmungen mußten daher auf Gesellschaften der verschiedensten Art berechnet werden. Das HGB dagegen enthält Normen für die verschiedensten Gesellschaftsgebilde.

Alle Handelsgesellschaften sind Erwerbsgesellschaften, daher ist für sie die Kreditgrundlage von entscheidender Wichtigkeit. Diese Grundlage wird gebildet entweder durch die persönlichen Eigenschaften der Mitglieder oder durch ein Kapital: die offene Handelsgesellschaft ist ausschließlich auf die persönliche Haftung sämtlicher, die Kommanditgesellschaft auf die persönliche und unbegrenzte Haftung einzelner und die beschränkte Haftung anderer Gesellschafter, die Aktiengesellschaft, welche übrigens die Eigenschaft einer juristischen Person hat, ausschließlich auf die Haftung eines Kapitals und damit auf die begrenzte Haftung aller Mitglieder gegründet. Eine Art der Kommanditgesellschaft, doch mehr ähnlich der Aktiengesellschaft, ist die Kommanditgesellschaft auf Aktien. Eine Kapitalgesellschaft ist ferner die Gesellschaft mit beschränkter Haftung. Endlich kann die Erwerbs- und Wirtschaftsgenossenschaft auf persönliche oder auf Kapitalhaftung gegründet sein.

Ähnlichkeit mit der Kommanditgesellschaft hat die stille Gesellschaft. Letztere tritt aber nach außen nicht als Gesellschaft auf. Beide Gesellschaftsformen fanden ihre geschichtliche Grundlage in der schon im Altertum vorkommenden, im Mittelalter entwickelten **commenda**, d. h. einem „sozietätsmäßigen Kreditgeschäft", [1]) das in der Kapitalbeteiligung an einer von einem anderen betriebenen Erwerbstätigkeit bestand und in sehr verschiedenen Formen und zu sehr verschiedenen Zwecken vorkam.

Das HGB behandelt das Gesellschaftsrecht in seinem zweiten Buch (§§ 105—342). Dieses ist überschrieben: Handelsgesellschaften und die stille Gesellschaft. Daraus geht hervor, daß die stille Gesellschaft eine Handelsgesellschaft jedenfalls nicht ist.

§ 19. Die Gesellschaft des bürgerlichen Rechts und die Sozietäten des Handelsrechts.

1. **Entstehung und Arten.** Die Gesellschaft kann nur durch Vertrag entstehen. Nach altem und neuem Rechte grundsätzlich formfrei, ist der Vertrag nach neuem Rechte (§§ 313 BGB, 105 Abs. 2, 161 HGB) der gerichtlichen oder notariellen Beurkundung dann unterworfen, wenn sich ein Gesellschafter zur Einbringung eines Grundstücks verpflichtet. Daß die offene Gesellschaft und die Kommanditgesellschaft in das Handelsregister einzutragen sind (§§ 106—108, 161, 162 HGB), ist nur eine Ordnungsvorschrift und hat zur Folge, daß die Wirksamkeit des Gesellschaftsvertrags Dritten gegenüber, sofern die Gesellschaft nicht schon vorher ihre Geschäfte begonnen hat, spätestens mit der Eintragung eintritt (§ 123 HGB), und nur in dem Falle, daß die Eigenschaft eines Unternehmens als eines Handelsgewerbes von der Eintragung einer Firma

---

[1]) **Goldschmidt**: Universalgeschichte des Handelsrechts, 1891, S. 262; neuestens: **Lübbert** in der Zeitschrift für Handelsrecht, Bd. 50.

abhängt, erlangt das etwa schon vorhandene zivilrechtliche Gesellschaftsverhältnis die Eigenschaft der offenen Handelsgesellschaft mit der Eintragung.

In Übereinstimmung mit dem bisherigen Rechte bezeichnet das BGB § 705 den Gesellschaftsvertrag als denjenigen Vertrag, durch welchen sich „die Gesellschafter gegenseitig verpflichten, die Erreichung eines gemeinsamen Zweckes in der durch den Vertrag bestimmten Weise zu fördern, insbesondere die vereinbarten Beiträge zu leisten". Diese Begriffsbestimmung ist allgemein und enthält daher auch die wesentlichen Merkmale eines jeden Handelsgesellschaftsvertrags. Der Zweck muß ein erlaubter und möglicher (§§ 138, 306, 309 BGB), er braucht nicht notwendig ein vermögensrechtlicher zu sein, der Zweck einer Handelsgesellschaft aber ist immer Vermögenserwerb. Durch den Vertrag wird jeder Gesellschafter gegenüber jedem andern Gesellschafter verpflichtet; Gegenstand der Verpflichtung kann jede mögliche Leistung sein, selbst bei der Handelsgesellschaft in bloßen Diensten oder in der Verwertung besonderer persönlicher Eigenschaften (Kenntnisse, Geschäftserfahrung) bestehen. Daher beruht das Wesen der Gesellschaft auf gegenseitigem Vertrauen, wenngleich bei den Erwerbsgesellschaften zuweilen nur auf dem Vertrauen in die Vermögenskräfte des andern.

Eine **offene Handelsgesellschaft** ist eine solche Gesellschaft, deren Zweck auf den Betrieb eines Handelsgewerbes unter gemeinschaftlicher Firma gerichtet, und bei welcher die Haftung der Gesellschafter gegenüber den Gesellschaftsgläubigern nicht beschränkt ist (§ 105 HGB). Diese im Handelsverkehr am häufigsten vorkommende Gesellschaftsform hat den Vorzug, daß sie die Kapitalien und die häufig verschiedenartige Leistungsfähigkeit mehrerer Personen vereinigt und jeden Teilhaber mit dem denkbar stärksten persönlichen Interesse an das gemeinsame Unternehmen fesselt. Ihre Nachteile liegen in der Gefahr persönlicher Reibungen und in dem Risiko der persönlichen Haftung. Auch die **Kommanditgesellschaft** bezweckt den Betrieb eines Handelsgewerbes unter gemeinschaftlicher Firma, aber sie hat die Eigentümlichkeit, daß bei einem oder einigen Gesellschaftern die Haftung auf eine bestimmte Vermögenseinlage beschränkt (Kommanditisten), bei den andern Gesellschaftern (persönlich haftenden Gesellschaftern, sog. Komplementaren) unbeschränkt ist (§ 161 HGB). Ist das Kapital der Kommanditisten in Aktien zerlegt, so ist eine Kommandigesellschaft auf Aktien vorhanden (§ 320 HGB). Hiernach ist eine Vereinigung zum Betriebe eines einzelnen Handelsgeschäfts, sowie jede Vereinigung zum Betriebe eines Handelsgewerbes, doch ohne gemeinschaftliche

Firma, nie Handelsgesellschaft; auch die Vereinigungen von Handwerkern und Kleinkaufleuten zum Betriebe eines Gewerbes sind nur Gesellschaften des bürgerlichen Rechts (§ 4 HGB).

Durch seine Begriffsbestimmung und den in § 105 HGB enthaltenen Hinweis auf die Anwendbarkeit der Vorschriften des BGB über die Gesellschaft des bürgerlichen Rechtes lehnt das HGB die Auffassung ab, als sei die offene Handelsgesellschaft eine juristische Person (Ansicht von Eccius und Kohler); sie ist auch nicht eine relativ juristische Person (Dahn und Gareis), d. h. nach außen selbständiges Rechtssubjekt. Die offene Handelsgesellschaft ist Gesellschaft, deren Vermögen den unter einem gemeinschaftlichen Namen (der Firma) zusammengefaßten Mitgliedern nicht nach Bruchteilen, sondern zur gesamten Hand zusteht (vgl. RG 56, 209 und 432 in starker Anlehnung an Gierke).

Gesellschaft ist ferner auch die **stille Gesellschaft**, aber Handelsgesellschaft ist sie nicht (s. letzten Absatz des vorigen Paragraphen). Sie besteht darin, daß sich jemand an dem von einem andern betriebenen Handelsgewerbe mit einer Vermögenseinlage „als stiller Gesellschafter", d. h. mit Anteil am Gewinn und regelmäßig auch mit Anteil am Verluste beteiligt (§ 335 HGB). Ihr fehlt die gemeinschaftliche Firma, das Gesellschaftsverhältnis tritt nach außen nicht hervor, das Handelsgewerbe wird von dessen Inhaber allein und unter seiner Firma betrieben, daher wird er allein berechtigt und verpflichtet, die Mitwirkung des stillen Gesellschafters besteht nur in der Einzahlung der Einlage. Das Rechtsverhältnis der stillen Gesellschaft hat danach Ähnlichkeit mit dem Darlehn. Aber während der Anspruch auf Rückzahlung des Darlehns sich gleich bleibt, auch wenn der Darlehnsempfänger Verluste erleidet, nimmt der stille Gesellschafter am Risiko des Unternehmens teil, er kann also seine Einlage ganz oder teilweise verlieren, wenn er am Verluste beteiligt ist (§ 336 HGB). Ist er, was nach dem neuen HGB zulässig ist (vgl. übrigens RG 31, 33), nur am Gewinne beteiligt, so ist das Rechtsverhältnis allerdings nur das eines qualifizierten Darlehns, da es sich in diesem Falle vom einfachen Darlehn nur dadurch unterscheidet, daß der stille Gesellschafter nicht festbestimmte Zinsen, sondern Dividende (Gewinnanteil) zu fordern hat.

Die Folge ist, daß die stille Gesellschaft immer nur zwischen dem Inhaber des Geschäfts und einem stillen Gesellschafter bestehen kann. Derselbe Kaufmann kann aber mit mehreren Personen je eine stille Gesellschaft eingehen, ein Rechtsverhältnis unter den mehreren stillen Genossen entsteht nicht. Hierin liegt ein Unterschied zwischen der stillen Gesellschaft und der Kommanditgesellschaft. Der oder die Komplementare können sich mit mehreren Kommanditisten verbinden, die Kommanditisten treten dann auch untereinander in das Gesellschaftsverhältnis.

2. **Das Rechtsverhältnis der Gesellschafter untereinander** beginnt mit dem Abschlusse des Gesellschaftsvertrags oder dem darin festgesetzten Ereignis oder Zeitpunkt und richtet sich nach diesem Vertrage.

Die mit der **a. pro socio** geltend zu machenden Gesellschaftspflichten bestehen nach altem und neuem Recht in der durch den Vertrag selbst bestimmten oder aus dem Zwecke der Gesellschaft sich bestimmenden Förderung des Gesellschaftszweckes,[1]) insbesondere in der Leistung der bedungenen Beiträge. Denn diese bilden die regelmäßige, sehr häufig die einzige gesellschaftliche Leistung. Hieraus folgt, daß die Befreiung eines Gesellschafters von der Leistungspflicht, also auch vom Verluste, den Vertrag der Eigenschaft eines Gesellschaftsvertrags entkleidet. Aber auch wenn ein Gesellschafter von den Vorteilen der gemeinsamen Tätigkeit ausgeschlossen und nur am Verluste beteiligt ist (soc. **leonina**), ist ein Gesellschaftsvertrag nicht vorhanden.

Die Beiträge können ungleiche sein, im Zweifel sind sie nach altem und neuem Rechte gleiche (§§ 706 BGB, 105 Abs. 2 HGB). Mit der Leistung des bedungenen Beitrags ist die Pflicht des Gesellschafters erschöpft (§ 707), die Vereinbarung, höhere oder andere Beiträge zu leisten, bildet eine Änderung, vielleicht den Ersatz des Gesellschaftsvertrags durch einen neuen. Der Verzug in der Beitragsleistung hat die allgemeinen an den Verzug geknüpften Folgen (§ 112 HGB, §§ 284—288 BGB, § 352 Abs. 2 HGB).

Ob der **a. pro socio** die Einrede des nichterfüllten Vertrags entgegengesetzt werden kann, ist bestritten, aber wohl zu verneinen, da die Gesellschaftspflichten nicht als Leistung und Gegenleistung einander gegenüberstehen und voneinander abhängen (vgl. jedoch RG 26, 253). Bei der Erfüllung der Gesellschaftspflichten haftet der Sozius nach altem und neuem Rechte für **diligentia quam suis** (§ 708). Hierzu tritt ein Konkurrenzverbot nach §§ 112, 113, 165 HGB.

Betreffs der Führung der Gesellschaftsgeschäfte besteht zwischen BGB und HGB zwar insofern Übereinstimmung, als an sich alle Gesellschafter zur Führung der Geschäfte befugt sind (§ 709 BGB, § 114 HGB), insofern aber eine erhebliche Abweichung, als die Handelsgesellschafter hierzu auch verpflichtet sind, und die Geschäftsführung bei der Gesellschaft des bürgerlichen Rechts allen Gesellschaftern gemein-

---

[1]) **Vgl. die interessante, auch nach neuem Recht anwendbare** l. 58 D. 17, 2.

schaftlich, bei den Handelsgesellschaftern jedem einzelnen gesondert zusteht. Das HGB (§ 115) verfolgt das Interesse rascher Abwicklung der Handelsgeschäfte und räumt deshalb jedem geschäftsführenden Gesellschafter die Ermächtigung ein, allein zu handeln, jedem andern geschäftsführenden Gesellschafter aber das Recht, die Vornahme des Geschäfts durch seinen Widerspruch zu verhindern. Das trotz des Widerspruchs vorgenommene Geschäft ist gegenüber dem andern Kontrahenten gültig, wenn es im Bereiche der Vertretungsmacht des handelnden Gesellschafters liegt.

So wie aber bei der Gesellschaft des bürgerlichen Rechts Einzelvertretung, so kann bei der Handelsgesellschaft Kollektivvertretung bedungen werden (§ 710 BGB, § 115 HGB).

In der Übertragung der Geschäftsführung auf einen oder mehrere Gesellschafter ist zugleich der Ausschluß der andern Gesellschafter von der Geschäftsführung enthalten (§ 710 BGB, § 114 HGB). Die Kommanditisten und natürlich der stille Gesellschafter sind kraft Gesetzes (§§ 164, 335 HGB) sowohl von der Geschäftsführung als vom Widerspruchsrecht ausgeschlossen. Die übrigens widerrufliche und kündbare (§ 712 BGB, § 117 HGB) Übertragung macht den socius gerens nicht zum Mandatar seiner Genossen, die Geschäftsführung ist vielmehr Ausfluß seiner Stellung als Gesellschafter, daher haftet er auch hierbei nur für diligentia quam suis. Seine Stellung ist aber eine mandatsähnliche, es finden daher auf sie einzelne Mandatsgrundsätze Anwendung (§§ 713, 664—670 BGB). Der von der Geschäftsführung ausgeschlossene Gesellschafter hat ein weitgehendes Informationsrecht (§ 716 BGB, §§ 118, 166, 338 HGB).

3. Das **Gesellschaftsvermögen** besteht aus den Beiträgen der Gesellschafter und dem, was durch die Geschäftsführung für die Gesellschaft erworben wird. Beitrag ist alles das, was der Gesellschafter in Erfüllung seiner Vertragspflicht für die Gesellschaft leistet, weshalb auch die Leistung von Diensten Beitrag ist. Grundsätzlich ist zwischen Beitrag und Einlage kein Unterschied (§§ 718, 733 Abs. 2 BGB, § 111 HGB), Beitrag vielmehr der weitere, Einlage der engere Begriff, der regelmäßig die bei Begründung der Gesellschaft ihr zugewendeten Vermögensgegenstände bezeichnet.

Die Beiträge können zum Gebrauch oder zum Eigentum überlassen werden, im Zweifel wird das letztere angenommen, wenn vertretbare oder verbrauchbare Sachen geleistet werden, bei andern Sachen gilt diese Vermutung nur dann, wenn sie nach einer Schätzung beizutragen sind, die nicht bloß für die Gewinnverteilung bestimmt ist, also wenn res venditionis causa aestimatae eingebracht werden § 706 BGB). Werden bewegliche Sachen überlassen, so genügt die Eigentumsübertragung durch constitutum possessorium (§ 930 BGB), das im Abschlusse des Gesellschaftsvertrags gefunden werden kann. Zur Überlassung des Eigentums an unbeweglichen Sachen bedarf es nach neuem Rechte der Auflassung (§§ 873, 925 BGB). Diese geschieht bei der zivilrechtlichen Gesellschaft an die andern Mitglieder, bei der Handelsgesellschaft an die Gesellschaft und ist nach herrschender Auffassung auch dann nötig, wenn die Personen, welche die Gesellschaft begründen, bisher als Miteigentümer des Grundstücks eingetragen waren; denn bei der Verschiedenheit des Miteigentums nach Bruchteilen und des gesellschaftlichen Gesamteigentums findet ein Wechsel des Eigentums statt.

Das Vermögen der Gesellschaft ist Gesamtgut der Gesellschafter, es hat daher kein Gesellschafter einen Bruchteil an den einzelnen zum Gesellschaftsvermögen gehörigen Gegenständen noch am Ganzen. Er hat nichts weiter als den unter 4. erörterten Kapitalanteil. Die Folge dieser Konstruktion ist, daß kein Gesellschafter über einen ideellen Teil an den einzelnen Gegenständen noch über einen solchen am Ganzen verfügen kann, daß im Falle des Ausscheidens eines Gesellschafters alle seine Rechte am Gesellschaftsvermögen ipso jure d. h. ohne Übertragungsakt (also auch keine Auflassung des Gesellschaftsgrundstückes), den verbleibenden Gesellschaftern anfallen, daß er nur seinen Kapitalanteil als eine die verbleibenden Gesellschafter belastende Schuld verlangen kann, und daß er von den bisherigen Gesellschaftsschulden befreit werden muß (§ 738).

Es folgt hieraus weiter, daß der Anteil des einzelnen zwar einen Vermögenswert hat, daß dieser Vermögenswert aber erst nach Auflösung der Gesellschaft verwirklicht werden kann, daß also auch die Privatgläubiger eines Gesellschafters den Anteil ihres Schuldners zwar als Befriedigungsmittel verwenden und ihn in dessen Konkursmasse ziehen dürfen, aber nur ein Recht auf das haben, was ihrem Schuldner bei der Auseinandersetzung zufallen wird. Daher ist den Gläubigern, welche wie nach § 725 BGB den Gesellschaftsanteil oder wie nach § 135 HGB jenen künftigen Anspruch ihres Schuldners gepfändet haben, die Befugnis gegeben, das Gesellschaftsverhältnis zu kündigen und so das in der Gesellschaft steckende Vermögen flüssig zu machen. Das BGB (§ 725) gibt ein fristloses, das HGB (§ 135) ein an die Frist von sechs Monaten vor Schluß des Geschäftsjahres gebundenes Kündigungsrecht.

Die Gebundenheit des Gesellschaftsvermögens zeigt sich auch darin, daß der Anteil eines ausscheidenden Gesellschafters seinen Genossen anwächst und der Geldwert des Anteils ausgezahlt wird (§ 738 BGB).

Das HGB geht in der Schaffung eines selbständigen Gesellschaftsvermögens weiter als das bürgerliche Recht: nach römischem Rechte war ein Konkurs über das Gesellschaftsvermögen ebensowenig möglich, als es nach jetzigem Recht einen Konkurs über das Vermögen einer stillen Gesellschaft geben kann; aber auch das BGB kennt einen Gesellschaftskonkurs nicht, wohl aber ist ein von dem Konkurse über das Vermögen eines Sozius unabhängiger Konkurs über das Vermögen der offenen Handelsgesellschaft und der Kommanditgesellschaft zulässig (§§ 131^3 und ^{5}, 144 HGB, 209 KO). An diesem Konkurse dürfen nur die Gesellschaftsgläubiger teilnehmen. Zur Zwangsvollstreckung in das Gesellschaftsvermögen bedarf es eines gegen die Firma gerichteten Schuldtitels (§ 129 Abs. 4 HGB).

4. Den Rechnungsabschluß und die **Gewinnverteilung** kann nach BGB § 721 der Gesellschafter erst nach Auflösung der Gesellschaft verlangen; ist die Gesellschaft aber von längerer Dauer, so findet Rechnungsabschluß und Gewinnverteilung im Zweifel nach Ablauf eines jeden Geschäftsjahres statt. Für die Handelsgesellschaften ist die jährliche Gewinn- und Verlustberechnung durch allerdings dispositive Gesetzesbestimmung vorgeschrieben (§§ 120, 161, 167 HGB).

Nach altem und neuem bürgerlichen Rechte (§ 722) wird Gewinn und Verlust nach Köpfen geteilt. Das HGB räumt der Verschiedenheit der Kapitalbeteiligung dadurch Einfluß ein, daß es jedem Genossen aus dem Jahresgewinne zunächst 4 Prozent und bei geringerem Gewinn einen entsprechend niedrigeren Prozentsatz seines Kapitalanteils zubilligt (Vorzugsdividende) und nur den Rest des Gewinnes sowie den Verlust nach Köpfen verteilt (§§ 120, 121 HGB). Die Abrechnung erfolgt jährlich auf Grund der Bilanz. Die Feststellung, ob Gewinn oder Verlust vorhanden ist, erfolgt durch einen Vergleich der jetzigen Bilanz nicht mit der Eröffnungsbilanz, also dem ursprünglichen Gesellschaftsvermögen, sondern mit der vorjährigen Bilanz, also dem vorjährigen Zustande des Gesellschaftsvermögens. Soweit die heutige Bilanz günstiger ist, als die vorjährige, ist Gewinn, soweit sie ungünstiger, ist Verlust vorhanden. Der Gewinn wird dem Kapitalanteile zugeschrieben, der Verlust abgeschrieben; abgeschrieben wird natürlich auch das im Laufe des Jahres auf den Kapitalanteil entnommene Geld. Da die Gesellschafter sich meist mit ihrem ganzen Vermögen oder einer erheblichen Vermögensquote an der Gesellschaft beteiligen, ist ihnen gestattet, jedes Jahr 4 Prozent ihres Kapitalanteils gleichsam wie einen Kapitalzins zu erheben. Erreicht der Gewinn nicht jene 4 Prozent, so vermindert sich infolgedessen der Kapitalanteil. Übersteigt der Gewinn 4 Prozent, so ist der Gesellschafter auch zur Erhebung des Mehrbetrags befugt, soweit er damit nicht offenbar die Gesellschaft schädigt (§§ 120—122 HGB).

Unter Kapitalanteil oder Anteil am Gesellschaftsvermögen versteht man nicht etwa den Bruchteil, zu welchem der einzelne Gesellschafter am Gesellschaftsvermögen mitberechtigt wäre, sondern eine gedachte Geldsumme, nämlich diejenige, welche der Gesellschafter erhalten (Aktivsaldo) oder zu zahlen haben würde, wenn in diesem Augenblicke die Gesellschaft aufgelöst würde. Der Anteil wird gebildet und vermehrt durch die Einlage und den gutgeschriebenen Gewinn, vermindert durch den abgeschriebenen Verlust und diejenigen Beträge, die der Sozius im Laufe des Jahres aus der Gesellschaftskasse entnommen hat. Diese Ab- und Zuschreibungen erfolgen auf dem für jeden Gesellschafter angelegten Konto, dem sog. Kapitalkonto.

Dieselben Grundsätze finden Anwendung auf die Komplementare einer Kommanditgesellschaft, während beim Kommanditisten zwischen Einlage und Kapitalanteil zu unterscheiden ist: die Einlage dieses ist der in einer Geldsumme ausgedrückte Betrag, welchen der Kommanditist dem Gesellschaftszwecke zu widmen verpflichtet ist und der stets gleich bleibt, Kapitalanteil aber die dem steten Wechsel unterworfene Summe, welche durch die auf die Einlage wirklich geleisteten Einzahlungen und durch die Zu- oder Abschreibungen von Gewinn und Verlust gebildet wird. Nur von diesem Kapitalanteile wird der Gewinn berechnet, und er wird dem Kapitalanteile so lange zugeschrieben, bis dieser die Höhe der Einlage erreicht. Ist sie erreicht, so darf der Kommanditist den Gewinn erheben, und der nicht erhobene Gewinn erhöht nicht die fest begrenzte Einlage, sondern bildet den Gegenstand einer gewöhnlichen Forderung des Kommanditisten, der insoweit nicht Genosse, sondern Gläubiger seiner Genossen ist. Am Verluste nimmt der Kommanditist nur bis zur Höhe seines Kapitalanteils und seiner etwa rückständigen Einlage teil (§§ 167 bis 169 HGB).

Bei der Gewinnberechnung der stillen Gesellschaft entscheidet über den Gewinnanteil mangels ausdrücklicher Vereinbarung das den Umständen entsprechende Ermessen. Die Gewinnberechnung erfolgt jährlich, und der festgestellte Gewinn wird an den stillen Gesellschafter ausgezahlt, solange aber seine Einlage durch Verlust gemindert ist, zur Deckung des Verlustes verwendet; am Verluste nimmt der stille Gesellschafter nur bis zum Betrage seiner Einlage teil, und hinsichtlich des nichterhobenen Gewinnes gilt dasselbe wie bei der Kommanditgesellschaft (§§ 336, 337 HGB).

5. Im **Rechtsverkehr mit Dritten** gelten nach altem und neuem Rechte die allgemeinen Grundsätze von der Stellvertretung. Wurden nach diesen alle Gesellschafter berechtigt, so erwarb nach gemeinem Rechte der einzelne einen ideellen Eigentumsanteil an der erworbenen Sache, eine Teilforderung an der erworbenen teilbaren Forderung,

solidarische Berechtigung betreffs des erworbenen unteilbaren Rechts. Wurde für die Gesellschafter eine Verpflichtung begründet, so trat nach gemeinem Recht anteilige Haftung ein, wenn alle Gesellschafter kontrahiert hatten oder einer von ihnen namens der anderen, dagegen solidarische Haftung, wenn ein Dritter namens der Gesellschafter gehandelt hatte (?).

Nach BGB und HGB wird die für alle Gesellschafter erworbene Forderung Gesellschaftsvermögen, es tritt also für den einzelnen Genossen weder eine anteilige noch eine solidarische Berechtigung ein (§§ 718—720 BGB). Die Schulden der Gesellschaft sind Schulden der Gesellschafter; daher die solidarische Haftung der Gesellschafter für die Gesellschaftsschulden (§§ 427, 431 BGB, § 128 HGB). Der Gesellschafter haftet für die Schuld der Gesellschaft mit dem zu Zwecken der Gesellschaft gewidmeten (dem Gesellschaftsvermögen) und mit dem zu seiner Verfügung gebliebenen, dem sog. Privatvermögen. Nur der Umstand, daß die Handelsgesellschaft unter ihrer Firma verklagt werden kann, hat dazu geführt, die zwangsweise durchzusetzende Befriedigung des Gläubigers wegen einer Gesellschaftsschuld bei der gewöhnlichen Gesellschaft von einer anderen Voraussetzung abhängig zu machen als bei der Handelsgesellschaft. Will nämlich der Gläubiger Befriedigung aus dem Vermögen einer Gesellschaft des bürgerlichen Rechts suchen, so muß er einen gegen alle Gesellschafter gerichteten vollstreckbaren Schuldtitel erlangen (§§ 736, 750 ZPO). Die Klage muß daher gegen alle Mitglieder der Gesellschaft erhoben werden. Zur Zwangsvollstreckung in das Handelsgesellschafts-Vermögen bedarf es eines gegen die Gesellschaft gerichteten Schuldtitels (§§ 124, 161 HGB). Dieser Titel reicht auch dann aus, wenn nach Erlaß des Urteils ein Wechsel der Mitglieder stattgefunden hat. Will der Gläubiger Befriedigung aus dem Privatvermögen eines einzelnen Gesellschafters suchen, so muß er einen gegen diesen persönlich gerichteten Schuldtitel erlangen (vgl. § 129 HGB). Um also die Zwangsvollstreckung sowohl in das Vermögen der Handelsgesellschaft, als in das der einzelnen Gesellschafter zu bewirken, bedarf es eines gegen die Firma und zugleich gegen die Personen der Mitglieder gerichteten Schuldtitels.

Die Haftung der Mitglieder einer zivilrechtlichen, einer offenen Handelsgesellschaft und der Komplementare einer Kommanditgesellschaft ist eine unbeschränkte, die der Kommanditisten eine auf die Einlage beschränkte, aber in Höhe des Rückstandes der Einlage unmittelbare. Mit der Einzahlung der Einlage erlischt die Haftung, weil die Einlage im Gesellschaftsvermögen aufgegangen ist.

Der gegen den Gesellschafter gerichteten Klage eines Gesellschaftsgläubigers stehen nicht bloß die dem Beklagten persönlich, sondern auch die der Gesellschaft selbst zustehenden Einwendungen entgegen, der Beklagte kann daher zwar nicht mit einer Gesellschaftsforderung kompensieren, wohl aber die Zahlung mit dem Hinweise auf die Möglichkeit dieser Kompensation verweigern (§ 129 HGB).

Im Konkurse des Gesellschafters haben die Gesellschafter an dem bei der Teilung ermittelten Gesellschaftsanteile des Gemeinschuldners wegen ihrer Forderungen aus dem Gesellschaftsverhältnis ein Absonderungsrecht (§ 51 KO). Ist nur über das Vermögen der Handelsgesellschaft Konkurs eröffnet, so sind die Gesellschaftsgläubiger nach neuem Rechte nicht gehindert, den vollen Betrag ihrer Forderungen im Konkurse und daneben von den persönlich haftenden Gesellschaftern zu verlangen. Ist dagegen auch über das Privatvermögen dieser Gesellschafter Konkurs eröffnet, so verwandelt sich zugunsten der Privatgläubiger der Gesellschafter deren prinzipale Haftung in eine subsidiäre, d. h. auf den Ausfall, den die Gesellschaftsgläubiger im Gesellschaftskonkurse erleiden, beschränkte (§§ 68, 212 KO, 128 HGB).

Die Stellvertretungsbefugnis ist nach BGB (§§ 714, 715), im Zweifel in der Geschäftsführungsbefugnis mit enthalten, nach dem HGB (§§ 125, 126) dagegen an diese Voraussetzung nicht geknüpft. Berechtigt und verpflichtet aus den für die Gesellschaft vorgenommenen Rechtsgeschäften sind immer nur die einzelnen Mitglieder, denn wenngleich die Handelsgesellschaft unter ihrer Firma Rechte erwirbt und Verbindlichkeiten eingeht, so ist damit kein Rechtssubjekt, sondern nur eine zusammenfassende Bezeichnung für die durch das Gesellschaftsverhältnis verbundenen Personen gegeben (§§ 124, 161 HGB).

Wer in eine bestehende zivilrechtliche Gesellschaft eintritt, nimmt zwar an den Rechten der Gesellschaft fortan teil und muß sich die Befriedigung der Gesellschaftsgläubiger aus dem nun auch ihm mitgehörigen Gesellschaftsvermögen gefallen lassen, eine persönliche Haftung für die Gesellschaftsschulden aber tritt nur im Falle der Schuldübernahme ein; wer dagegen in eine Handelsgesellschaft eintritt, wird dadurch ohne weiteres persönlicher Schuldner der bisherigen Gesellschaftsgläubiger (§ 130 HGB).

6. **Endigung.** Das Gesellschaftsverhältnis endigt nach altem und neuem Rechte mit Ablauf der Zeit, für welche es eingegangen, mit Eintritt der Resolutivbedingung, mit Erreichung des Zwecks oder mit Eintritt der Unmöglichkeit dieses Zwecks, durch Eröffnung des Konkurses über das Vermögen eines Gesellschafters, durch den Tod eines Gesellschafters, durch Kündigung und durch Beschluß aller Genossen, nach dem HGB (§ 131) tritt zu diesen Auflösungsgründen der Konkurs über das Vermögen der Gesellschaft und gerichtliche Entscheidung hinzu. Denn nur bei den Handelsgesellschaften kann

ein Konkurs über die Gesellschaft vorkommen, und ein die Gesellschaft auflösendes Urteil kann auf die Klage eines Gesellschafters erlassen werden, wenn ein wichtiger Grund vorliegt (§ 133 HGB). In diesem Falle tritt die Auflösung im Zeitpunkte der Rechtskraft des Urteils ein, während die Anfechtung des Gesellschaftsvertrags wegen eines Willensmangels Nichtigkeit des Vertrags von Anfang an (ex tunc) herbeiführt (§ 142 BGB). Eine Abweichung des neuen Rechts und des Handelsrechts vom gemeinen Rechte liegt darin, daß das Ausscheiden eines Mitglieds nicht wie bisher die Auflösung der Gesellschaft unter allen Umständen zur Folge hat. Denn reine Erwerbsgesellschaften werden durch das Ausscheiden eines Mitglieds meistens nicht in der Weise berührt, daß nicht die Erreichung des Gesellschaftszwecks für die übrigen Mitglieder noch immer möglich bliebe. Es ist daher zugelassen, daß für diese Fälle der Fortbestand der Gesellschaft im Gesellschaftsvertrage vorgesehen werde (§§ 727, 736, 737 BGB, 131[4], 137, 138, 139 HGB), und wird der Konkurs einer Handelsgesellschaft durch Zwangsvergleich oder Einstellung des Verfahrens beendet, so können die Gesellschafter die Fortsetzung der Gesellschaft beschließen.

Gerät eine Kommanditgesellschaft in Konkurs, so gehören die Einlagen zur Masse. Der Kommanditist hat einen Anspruch nur auf den nach Befriedigung der Gesellschaftsgläubiger etwa verbliebenen Rest nach Maßgabe seines Kapitalanteils (§§ 155, 161 HGB). Gerät bei der stilleu Gesellschaft der Inhaber des Handelsgewerbes in Konkurs, so bildet zwar die Einlage des stillen Gesellschafters einen Bestandteil der Masse, von dem Betrage der Einlage aber verliert er nur so viel, als seinem Anteil am Verlust entspricht, auf den diesen Betrag übersteigenden Rest hat er einen Anspruch als Konkursgläubiger.[1]) Insoweit steht er den Gläubigern gleich, während der Kommanditist ihnen nachsteht.

Der Tod eines Kommanditisten ist einflußlos.

Die Kündigung eines auf unbestimmte Zeit eingegangenen Gesellschaftsverhältnisses — und als solches gilt die auf die Lebenszeit eines Gesellschafters eingegangene Gesellschaft — kann nach BGB zu jeder Zeit (§ 723), nach HGB nur für den Schluß eines Geschäftsjahrs und nur wenigstens sechs Monate vor diesem Zeitpunkte stattfinden. Ist die Gesellschaft auf bestimmte Zeit eingegangen, so kann nach BGB (§ 723) gleichwohl vorher eine Kündigung erfolgen, wenn ein wichtiger Grund vorliegt. Das HGB (§ 133) hat dagegen im Inter-

[1]) Z. B. er nimmt mit einer Einlage von 10000 M. zu 10 Prozent am Verluste teil. Die Folge ist, daß er 1000 M. verliert, 9000 M. aber als Konkursgläubiger anmelden kann (§ 341 HGB).

esse der Verkehrssicherheit sowohl in diesem Fall als auch gegenüber einer Gesellschaft von unbestimmter Dauer den Gesellschaftern nur das Recht eingeräumt, die Auflösung der Gesellschaft im Wege der Klage herbeizuführen. Denn in diesem Fall endet die Gesellschaft erst mit der Rechtskraft des Urteils, im Falle der Kündigung aber schon mit der Abgabe dieser Willenserklärung (§ 130 BGB). Unzeitige Kündigung hatte nach römischem Rechte die Folge, daß der Kündigende fortan vom Gewinn ausgeschlossen war, am Verlust aber noch weiter teilnahm (socium a se, non se a socio liberat); nach neuem Rechte hat sie volle Wirkung, verpflichtet aber zum Schadensersatz (§ 723). Kündigen kann nicht bloß jeder Gesellschafter — auch wenn er auf das Kündigungsrecht verzichtet hat (§ 723) — sondern auch der Privatgläubiger eines Gesellschafters (s. oben S. 32).

7. Nach der Auflösung der Gesellschaft erfolgt die **Auseinandersetzung** nach Maßgabe der §§ 730—735 BGB. Sie besteht in der Beendigung der schwebenden Geschäfte, Berichtigung der Gesellschaftsschulden, Rückerstattung der Einlagen und Teilung des Restes nach Verhältnis der für die Gewinnverteilung maßgebenden Anteile. Reicht das Vermögen der Gesellschaft zur Tilgung der Schulden und zur Erstattung der Einlagen nicht aus, so müssen die Gesellschafter nach Maßgabe der für die Verlustberechnung maßgebenden Anteile den Ausfall decken. Während der Auseinandersetzung „gilt“ die Gesellschaft als fortbestehend für die Zwecke der Teilung, d. h. es besteht eine Gemeinschaft, welche noch von dem Gesellschaftsvertrage beherrscht wird.

Auch die Mitglieder einer Handelsgesellschaft können jede Art der Auseinandersetzung wählen. Machen sie von dieser Befugnis keinen Gebrauch, so tritt die **Liquidation** ein, es sei denn, daß die Auflösung durch den Konkurs der Gesellschaft herbeigeführt worden wäre. Die Liquidation besteht in der Beendigung der laufenden Geschäfte, der Einziehung der Forderungen, der Versilberung des übrigen Vermögens, der Befriedigung der Gläubiger und der Verteilung des Restes an die Gesellschafter nach Maßgabe ihrer Kapitalanteile (§§ 145 ff.). Bei der Liquidation hören die Beschränkungen der Geschäftsführungsbefugnis auf (wie nach § 730 Abs. 2 BGB), die Gesellschafter sind als Teilhaber der Gemeinschaft zur Besorgung der Liquidation befugt, doch können sie einzelne von ihnen oder Fremde zu Liquidatoren bestellen, es können aber auf Antrag auch nur eines Gesellschafters aus wichtigen Gründen vom Gericht Liquidatoren bestellt werden (§§ 145 bis 158, 161 HGB).

Im Falle der Auflösung einer stillen Gesellschaft tritt eine einfache Auseinandersetzung ein.

§ 20. Die Aktiengesellschaft, die Kommanditgesellschaft auf Aktien und die Gesellschaft mit beschränkter Haftung.

1. **Geschichte.**[1]) Daß den Römern die Gesellschaftsform der Aktiengesellschaft bekannt gewesen sei, ist nicht nachweisbar, denn die Nachrichten über die soc. publicanorum sind zu dürftig. Diese societates waren Vereinigungen von Personen, welche vom römischen Staate vorzugsweise die Einkünfte aus den indirekten Abgaben pachteten. Zur Aufbringung der Pachtsummen bedurfte es erheblicher Kapitalien, die nur durch Beiträge zahlreicher Personen gebildet werden konnten. Diejenigen Personen nun, welche mit dem Staate kontrahierten, die mancipes oder socii, hafteten jedenfalls nach den Grundsätzen der gewöhnlichen societas, neben ihnen aber standen affines, Personen, die wahrscheinlich nur eine Geldeinlage machten. Es ist aber zweifelhaft, ob diese als Gesellschafter in die Gesellschaft oder nur in ein Rechtsverhältnis zu einem einzelnen, bestimmten socius traten. Die Entstehung der Aktiengesellschaften ist vielmehr in den im 15. Jahrhundert in einzelnen italienischen Städten begründeten Vereinigungen von Staatsgläubigern zu suchen. Die erste derartige Gesellschaft ist die St. Georgsbank in Genua, welcher die Ambrosiusbank in Mailand folgte. Die Mitglieder dieser Vereinigungen brachten ein Kapital (einen mons) auf, welches in gleiche Anteile (loca) zerlegt wurde. Jeder Anteil bildete eine Partialobligation, die vererblich und veräußerlich war. Der Eintritt in die Gesellschaft der Gläubiger wurde als Kauf (compera) des Anteils behandelt. Die Gläubiger waren genossenschaftlich verbunden und bezogen aus Staatseinkünften einen Zins, später eine Dividende. Mit dem Beginne des 17. Jahrhunderts entstanden zunächst in den Niederlanden jene großen Handelskompanien, welche koloniale Zwecke verfolgten (zuerst die Niederl.-Ostindische 1602, dann die Niederl.-Westindische Kompanie 1621).

Diese Gesellschaften, denen später Vereine mit anderen Zwecken folgten, und auf welche die Rechtsinstitute der commenda und der Reederei Einfluß üben, tragen das Gepräge von Aktiengesellschaften. Gesetzgeberische Regelung erfuhr die Aktiengesellschaft zuerst durch den code de commerce, welcher sie als société anonyme bezeichnet. In Deutschland behandelten die Aktiengesellschaft zuerst zwei preußische Gesetze. Eine umfassende gesetzliche Regelung erhielt das Aktiengesellschaftsrecht durch das HGB von 1861. Nach ihm war die Entstehung einer Aktiengesellschaft von staatlicher Genehmigung abhängig, während den Landesgesetzeu überlassen war, dasselbe

---

[1]) Jetzt besonders Lehmann: Das Recht der Aktiengesellschaft. 1898. S. 4 ff.

Erfordernis auch für die Entstehung von Kommanditgesellschaften auf Aktien vorzuschreiben. Durch Gesetz vom 5. Juni 1869 wurde das HGB zum norddeutschen Bundesgesetz und bei Errichtung des Reiches zum Reichsgesetz erhoben. Mittlerweile hatte die Novelle vom 11. Juni 1870 für beide Gesellschaftsformen das Erfordernis staatlicher Genehmigung aufgegeben und war zum System der Normativbedingungen übergegangen. Nach ihm entstand die Gesellschaft als solche mit der Eintragung ins Handelsregister, und die Eintragung mußte erfolgen, wenn einigen im wesentlichen formalen Erfordernissen genügt war. Das in dieser Weise geänderte Gesetz ermöglichte zahlreiche Übervorteilungen des Publikums, insbesondere dadurch, daß das Gesetz über die Gründung der Aktiengesellschaften keine Bestimmungen gab und die Frage nach der Verantwortlichkeit der Gründer dem in dieser Hinsicht unzulänglichen allgemeinen Recht überließ. Diesen Mangel zu beseitigen war der Zweck des Gesetzes vom 18. Juli 1884. Erreichen wollte es das Ziel dadurch, daß es die Offenlegung und Prüfung der Gründungshergänge vorschrieb und die Verantwortlichkeit aller hierbei beteiligten Personen erheblich steigerte; auf das Erfordernis staatlicher Genehmigung ist das Gesetz nicht wieder zurückgekommen. Da es sich im wesentlichen bewährte, wurden seine Bestimmungen mit geringen sachlichen Änderungen, doch in übersichtlicherer und klarerer Form in das neue HGB vom 10. Mai 1897 übernommen (Buch II Abschnitt 3 und 4, §§ 178—334).

Die Aktienkommanditgesellschaft ist mehr und mehr außer Gebrauch gekommen, denn die persönliche Haftung eines oder mehrerer Komplementare hat dann nichts zu bedeuten, wenn, wie es häufig geschieht, ein rascher Wechsel der Komplementare stattfindet oder vermögenslose Personen in diese Stellung gewählt werden.

Man erblickte indessen seit längerer Zeit in dem Fehlen einer Gesellschaftsform, welche das geringere Risiko der Aktienbeteiligung mit dem Vorteile einer festeren Bindung der Gesellschafter an das Unternehmen vereinigte, eine Lücke unseres Gesellschaftsrechts. Die Form der Aktiengesellschaft ist vermöge ihrer festen Organisation eine äußerst verwickelte, sie eignet sich nur für große Unternehmungen mit einer erheblichen Mitgliederzahl, und die Mitglieder verlieren dadurch, daß sie nicht mehr als die Aktie verlieren können, ihr Kapital aber fremder Verwaltung ausantworten müssen, das Interesse für das Unternehmen. Die rein individualistische offene Handelsgesellschaft aber ist mit der Gefahr persönlicher unbeschränkter Haftung verbunden. Dazu kam, daß sich zahlreiche Kreise durch die strengen Vorschriften des neuen Aktiengesellschaftsrechts beengt fühlten. Man schuf daher zunächst in dem Gesetze betreffend die Rechtsverhältnisse der deutschen Schutzgebiete vom 15. März 1888 für Kolonialgesellschaften und dann in dem Gesetze betreffend die Gesellschaften mit beschränkter Haftung vom 20. April 1892 eine Form für Personenverbindungen, die sich stark an die bergrechtliche Gewerkschaft anlehnt, die Vertragsfreiheit in ausgedehntestem Maße wahrt und eine allen Bedürfnissen genossenschaftlichen Lebens entgegenkommende Anpassungsfähigkeit besitzt, aber auch die Möglichkeit unlauteren Gebarens wieder einführt.

2. **Begriff.** a) Die Aktiengesellschaft ist eine mit bestimmter Organisation ausgestattete Personenvereinigung, welche ein in Aktien, d. h. gleiche Anteile, zerlegtes Grundkapital hat, und an welcher sich die sämtlichen Mitglieder (Aktionäre) nur mit Aktien beteiligen, ohne persönlich für die Verbindlichkeiten der Gesellschaft zu haften; für ihre Verbindlichkeiten haftet nur das Grundkapital. Hierin liegt der Unterschied von der Kommanditgesellschaft auf Aktien.

b) Die Kommanditgesellschaft auf Aktien ist ein Personenverein von bestimmter Verfassung, an welchem sich eine oder mehrere Personen als persönlich und unbeschränkt haftende Mitglieder (Komplementare), andere nur mit Aktien (Kommanditisten oder Aktionäre) beteiligen. Für die Verbindlichkeiten dieser Gesellschaft haftet also nicht bloß das in Aktien zerlegte Grundkapital, sondern zugleich der oder die Komplementare persönlich.

c) Die Gesellschaft mit beschränkter Haftung ist ein Personenverein, dessen Stammkapital in ungleiche Anteile zerlegt sein kann, und dessen Mitglieder sich nur mit Stammeinlagen beteiligen, sich aber auch zu Nachschüssen verpflichten können, ohne persönlich und unbeschränkt für die Verbindlichkeiten der Gesellschaft zu haften. Für ihre Verbindlichkeiten haftet lediglich das Gesellschaftsvermögen. Sie gleicht der Aktiengesellschaft in der beschränkten Haftung der Mitglieder, unterscheidet sich von ihr aber durch die zugelassene Ungleichheit und erschwerte Veräußerlichkeit der Anteile, durch die Organisation und durch die Zulassung einer Nachschußpflicht.

Alle diese Gesellschaften sind juristische Personen. Für die Kommanditaktiengesellschaft ist dies lebhaft bestritten, folgt aber jetzt aus §§ 320, 210 HGB. Denn sie ist jetzt nicht mehr eine Art der Kommanditgesellschaft, sondern den Hauptbestimmungen über Aktiengesellschaften unterworfen. Unrichtig ist die Ansicht, sie sei eine gesellschaftliche Verbindung der Komplementare mit einem „Verein“ der Kommanditisten, denn ein solcher „Verein“ besteht nicht.

Jene Personenvereinigungen sind insofern Gesellschaften, als sie durch einen Gesellschaftsvertrag entstehen, und sie sind sämtlich

Handelsgesellschaften, auch wenn das Unternehmen nicht im Betriebe eines Handelsgewerbes besteht.

3. **Gesellschaftsanteil.** a) Der Anteil des einzelnen Mitgliedes einer Aktiengesellschaft und des Kommanditisten einer Kommanditaktiengesellschaft heißt **Aktie.** Er ist kein Forderungsrecht des Mitgliedes gegen die Gesellschaft, auch nicht ein Eigentumsanteil am Vermögen der Gesellschaft, denn das Vermögen gehört der Körperschaft, nicht den einzelnen Mitgliedern; er ist das Rechtsverhältnis, in welchem das Mitglied zum Ganzen steht, und das sich in der Begründung von personenrechtlichen Rechten und Pflichten (Stimmrecht, Annahme von Ämtern), sowie in der Erzeugung vermögensrechtlicher Ansprüche auf Auszahlung von Gewinn und Ausantwortung eines Teils des Vermögens der aufgelösten Gesellschaft äußert. Diese letzteren Rechte bilden die Einzel-, Sonder-, Individualrechte der Mitglieder. Der Gesellschaftsanteil hat demnach einen Vermögenswert, der nicht mit seinem Nennwert übereinzustimmen braucht; er ist deshalb Gegenstand vermögensrechtlicher Geschäfte und unterliegt dem Zugriffsrechte der Gläubiger des Gesellschafters. Die Übertragbarkeit des Anteils ermöglicht einen steten Wechsel der Mitglieder, und es können sich mehrere, ja sogar alle Anteile in einer einzigen Person vereinigen. Die Übertragbarkeit wird dadurch erleichtert, daß man die Anteile in Wertpapieren verkörpert; man bezeichnet deshalb mit dem Worte Aktie auch den Aktienschein; er kann auf den Inhaber oder auf den Namen des Gesellschafters lauten (§§ 179, 222, 320 HGB); lautet er auf den Namen, so kann er durch Indossament übertragen werden.

Die Ausstellung der Aktien auf den Namen hat eine festere Bindung der Mitglieder an die Gesellschaft zum Zwecke, doch können auch diese Aktien mangels einer entgegenstehenden Bestimmung des Gesellschaftsvertrags ohne Zustimmung der Gesellschaft übertragen werden, und nur die Übertragung der auf weniger als 1000 Mark lautenden Aktien ist an die Zustimmung des Aufsichtsrats und der Generalversammlung gebunden, sie kann ferner nur mittels einer die Person des Erwerbers bezeichnenden, gerichtlich oder notariell beglaubigten Erklärung erfolgen (vinkulierte Namensaktie § 222).

b) Der Anteil der Gesellschaft mit beschränkter Haftung heißt **Geschäftsanteil,** er ist zu unterscheiden von der **Stammeinlage.** Während die letztere dasjenige Vermögensobjekt bezeichnet, das der Gesellschafter zum Zwecke der Herstellung des Stammkapitals an die Gesellschaft überläßt und das stets in einer bestimmten Summe ausgedrückt wird, ist der Geschäftsanteil, wie die Aktie, das durch die Mitgliedschaft begründete Rechtsverhältnis. Die Einlage ist mit der Leistung aus dem Vermögen des Gesellschafters ausgeschieden, der

Geschäftsanteil umfaßt aber die dem Gesellschafter zustehenden Rechte. Der Geschäftsanteil verkörpert sich nicht in einem Wertpapiere. Fehlt ihm danach zwar die leichte Übertragbarkeit dieser, so ist doch seine Veräußerung nicht ausgeschlossen. Im Interesse der engeren Verknüpfung des Gesellschafters mit der Gesellschaft ist die Gültigkeit der Veräußerung von gerichtlicher oder notarieller Form abhängig (§§ 14, 15 Gesetz vom 20. April 1892). Demselben Interesse dient die Zulassung einer Vertragsbestimmung, nach welcher die Veräußerung von weiteren Voraussetzungen, insbesondere von der Genehmigung der Gesellschaft abhängen soll; in jedem Falle gilt der Gesellschaft gegenüber nur derjenige als Mitglied der Gesellschaft, der sich durch Vorlegung der Erwerbsurkunde angemeldet hat (§ 16).

Die Aktie wird auf einen bestimmten Nennwert gestellt. Das Gesetz verbietet die sog. Unter-Pari-Emission, d. h. die Ausgabe der Aktie gegen Einzahlung einer hinter dem Nennwerte zurückbleibenden Summe (§ 184), weil hierin eine Verminderung des Grundkapitals liegen würde. Dagegen ist die Über-Pari-Emission gestattet, wenn die durch sie bedingte Erhöhung des Grundkapitals im Vertrage vorgesehen ist. Der Nennwert der Aktie soll wenigstens 1000 Mark betragen, denn es soll dem kleinen Kapital die Beteiligung an Aktienunternehmungen erschwert werden. Ausnahmen sind zugelassen für gemeinnützige und für solche Unternehmungen, für welche das Reich oder ein Bundesstaat oder eine öffentliche Korporation Garantie geleistet hat, und für vinkulierte Namensaktien, in welchen Fällen die Aktie auf wenigstens 200 Mark gestellt werden muß (§ 180 HGB).

Die Stammeinlage eines jeden Mitgliedes einer Gesellschaft m. b. H. muß mindestens 500 Mark betragen, sie kann für die einzelnen Gesellschafter verschieden, muß in jedem Falle aber in Mark durch 100 teilbar sein (§ 5 Ges.). Der Geschäftsanteil ist natürlich kein sich gleichbleibender, er kann einen höheren oder geringeren Wert haben als die Stammeinlage.

Wird das Grundkapital einer Aktiengesellschaft erhöht, so geschieht dies in der Weise, daß neue Aktien ausgegeben werden. Grundsätzlich stehen diese neuen Aktien den zuerst ausgegebenen, den Stamm-Aktien, gleich; zuweilen werden ihnen gewisse Vorzugsrechte (insbesondere auf den Bezug einer bestimmten Dividende) eingeräumt, in welchem Falle sie Prioritätsaktien heißen. Nicht Aktie ist die sog. Obligation, denn diese bezeichnet nicht einen Gesellschaftsanteil, sondern eine Schuld der Gesellschaft; ihr Träger ist daher nicht Mitglied, sondern Gläubiger der Gesellschaft und hat also nicht Gewinnanteile, sondern Zinsen zu fordern. Dagegen können weder dem Aktionär noch dem Mitgliede einer Gesellschaft m. b. H. Zinsen bedungen werden (§ 215 HGB, §§ 30, 31 Ges.), denn überstiege deren Prozentsatz den Gewinnanteil, so würde eine Herabminderung des Grundkapitals herbeigeführt; blieben die Zinsen dagegen hinter dem Gewinne zurück, so würde die Prämie für das Verlustrisiko zu gering sein und das Unternehmen infolge davon nicht genügende Anziehungskraft ausüben. Die Mitglieder der Gesellschaft haben nur Gewinnanteile (Dividende) zu fordern. Ausgenommen sind sog. Bauzinsen, d. h. prozentuale Zahlungen, welche an die Gesellschafter während der Vorbereitung des also jetzt noch nicht nutzbringenden Unternehmens geleistet werden und sich allerdings als vertragsmäßig zugelassene Kapitalrückzahlungen darstellen.

In der Generalversammlung der Aktionäre gewährt jede Aktie, in der Generalversammlung der Mitglieder einer Gesellschaft m. b. H. gewähren jede 100 Mark des Geschäftsanteils eine Stimme (§ 252 HGB, § 48 Ges.). Mit dem Mitgliedschaftsrecht ist ferner als Sonderrecht der Gesellschafter ein — unten zu erörterndes — Widerspruchs- und Anfechtungsrecht verbunden.

Die Aktie ist unteilbar (§ 179 HGB), der Geschäftsanteil einer Gesellschaft m. b. H. teilbar (§ 17 Ges.). Die Veräußerung solcher Teile hängt von der schriftlichen Genehmigung der Gesellschaft ab. Die durch den Geschäftsanteil begründeten Rechte stehen allen Teilhabern nach dem Grundsatze der gesamten Hand gemeinschaftlich zu, für die an die Gesellschaft zu machenden Leistungen aber haften die Teilhaber solidarisch (§ 18).

4. **Pflichten der Gesellschaftsmitglieder.** a) Durch die Beitrittserklärung (bei der Aktiengesellschaft „Zeichnung der Aktie") wird die Verpflichtung zur Leistung der vertragsmäßigen Einlage begründet. Diese Einlage ist bei der Gesellschaft m. b. H. die Stammeinlage, bei der Aktiengesellschaft der Nennbetrag der Aktie oder deren etwa höherer Ausgabepreis (§ 211 HGB). Die Einlagen werden in Geldsummen dargestellt und grundsätzlich in Geld geleistet (§§ 180, 211 HGB, 5 Ges.), es können aber auch andere Vermögensgegenstände in Anrechnung auf die Einlage gegeben werden (sog. Apports). Es kann ferner b) den Mitgliedern der Gesellschaft m. b. H., sowie nach neuem Aktienrecht auch den Aktionären, sofern die Übertragung der Aktien an die Zustimmung der Gesellschaft gebunden ist, die Verpflichtung zu wiederkehrenden, nicht in Geld bestehenden Leistungen auferlegt und im Falle nicht pünktlicher Leistung eine Vertragsstrafe angedroht werden (§ 5 Ges., § 212 HGB). Damit ist der nach früherem Rechte wohlbegründete Zweifel erledigt, ob nicht die Verpflichtung zu derartigen Leistungen (z. B. Rübenlieferung) mit dem Wesen der Aktie unvereinbar und daher nur aus einem vom Gesellschaftsvertrag unabhängigen Nebenvertrage herzuleiten sei.

Die Einlagezahlung kann in Teilbeträgen erfolgen, aber der Gesellschafter, der nicht die volle Einlage bezahlt hat, bleibt zur Zahlung des Restes persönlich verpflichtet, auch wenn er seinen Anteil veräußert hat; diese Verpflichtung ist jedoch eine subsidiäre (§§ 16, 22 Ges., § 220 HGB), sie tritt nur dann ein, wenn der Erwerber des Anteils der durch den Erwerb der Aktie übernommenen Verpflichtung zur Zahlung des Restes nicht nachkommt. Aus diesem Grunde dürfen Inhaberaktien oder auf den Inhaber lautende Interimsscheine (d. h. Bekenntnisse der Gesellschaft über empfangene Teilzahlungen, verbunden mit dem Versprechen, nach Vollzahlung den Aktienschein auszugeben) vor voller Einzahlung der Einlage nicht ausgegeben werden, und in den vor der Vollzahlung ausgegebenen Namensaktien müssen die geleisteten Teilbeträge vermerkt werden (§ 179 HGB).

Wer mit der Zahlung fälliger Beträge säumig ist, hat kraft Gesetzes Verzugszinsen zu zahlen. Läßt er die Aufforderung der Gesellschaft zur Einzahlung des fälligen Betrags unbeachtet, so kann er seines Anteils verlustig erklärt werden (Kaduzierung). Der Anteil geht dadurch aber nicht unter, sondern es wird über ihn eine neue Urkunde gefertigt und demjenigen Rechtsvorgänger des Säumigen ausgehändigt, der den rückständigen Betrag zahlt. Es findet nämlich ein sog. Reihenregreß statt, indem die Gesellschaft den Rechtsvorgänger des Ausgeschlossenen zur Zahlung auffordert, und wenn auch dieses Begehren unbefriedigt bleibt, sich an dessen Rechtsvorgänger hält, so daß schließlich der ursprüngliche Gesellschafter in Anspruch genommen werden kann (§§ 219—221 HGB, §§ 21, 22 Ges.). Gleichwohl droht der Aktiengesellschaft immerhin die Gefahr eines Verlustes, d. i. einer Verminderung des Grundkapitals. Für diesen Ausfall bleibt der Ausgeschlossene haftbar, während für die Mitglieder einer Gesellschaft m. b. H. die subsidiäre Verpflichtung eintritt, den Fehlbetrag nach Verhältnis ihrer Geschäftsanteile aufzubringen (§ 24).

Ein Ansporn zu baldiger Einzahlung liegt für den Aktionär darin, daß bei ungleich geschehener Zahlung von den Einzahlungen 4 % oder ein entsprechend niedrigerer Prozentsatz vorweg gezahlt wird (§ 214 HGB), für das Mitglied einer Gesellschaft m. b. H. darin, daß der Geschäftsanteil sich nach dem Betrage der geleisteten Einzahlungen richtet.

Mit der Einzahlung des Aktienbetrags und der Entrichtung der etwa sonst übernommenen Leistungen ist die Pflicht des Aktionärs erschöpft. Im Gesellschaftsvertrag einer Gesellschaft m. b. H. aber kann die Pflicht der Mitglieder zur Zahlung von bestimmten oder später erst zu bestimmenden, dem Verhältnis der Geschäftsanteile entsprechenden Nachschüssen festgesetzt werden. Diese also nicht gesetzliche, sondern vertragsmäßige Nachschußpflicht nähert die Gesellschaft m. b. H. der bergrechtlichen Gewerkschaft. Sie ist zwar geeignet, die Gesellschaft vor der Gefahr des Untergangs zu bewahren, birgt aber für die Mitglieder die Gefahr größerer Verluste; sie nähert eine solche Gesellschaft der individualistischen offenen Handelsgesellschaft und steigert gegenüber der Aktiengesellschaft das Interesse des einzelnen am gemeinsamen Unternehmen. Der Gesellschafter aber, der die Stammeinlage vollständig bezahlt hat, kann sich von der Nachschußpflicht dadurch befreien, daß er seinen Anteil der Gesellschaft zur Verfügung stellt. Diese kann ihn im Wege der Versteigerung veräußern, schlägt dieses Mittel zur Deckung des Ausfalls fehl, so fällt der Anteil an die Gesellschaft selbst, die ihn dann für eigene Rechnung veräußern kann (§§ 26—28 Ges.).

5. **Entstehung.** a) Die Gesellschaft m. b. H. entsteht durch einen gerichtlichen oder notariellen Vertrag, der von allen Gesellschaftern zu unterzeichnen ist und über gewisse Punkte Bestimmungen treffen muß. Hierzu gehört das Stammkapital, das wenigstens 20000 Mark betragen muß, und der Betrag der von jedem Gesellschafter zu leistenden Stammeinlage (also nur Simultangründung). Daher gibt es keine „Zeichnung" von Stammeinlagen wie bei der Aktiengesellschaft, und ein Versprechen, sich an einer Gesellschaft m. b. H. zu beteiligen, bedarf nach allgemeinen Grundsätzen selbst der gerichtlichen oder notariellen Form (RG 43, 139).

Die Gesellschaft muß eine Firma haben. Die vorgeschriebene Eintragung ins Handelsregister hat rechtsbegründende Wirkung: vor der Eintragung besteht eine Gesellschaft dieser Art noch nicht; ist also vor der Eintragung kontrahiert worden, so ist namens der einzelnen künftigen Gesellschaftsmitglieder und mit der Wirkung, daß die Handelnden persönlich und solidarisch haften, kontrahiert worden. Der Eintragung geht die Prüfung ihrer formalen Erfordernisse voran (§§ 2—12 Ges.). Es genügen zwei Gesellschaftsmitglieder.

b) Erheblich verwickelter ist die Art der Entstehung einer Aktiengesellschaft. Auch sie hat zwar einen Gesellschaftsvertrag zur Voraussetzung, doch entsteht auch sie als solche erst mit der Eintragung. Diese erfolgt nur, wenn der Nachweis geführt ist, daß der Gründungsvorgang den gesetzlichen Erfordernissen entspricht.

Die Gründung beginnt mit dem gerichtlichen oder notariellen Abschlusse des Gesellschaftsvertrags unter wenigstens fünf Personen, den sog. Gründern. Der Vertrag muß über gewisse Punkte Bestimmung treffen. Besondere Bestimmungen sind erforderlich im Fall einer sog. qualifizierten Gründung, d. h. wenn einzelnen Aktionären besondere Vorteile zugesichert, oder wenn Apports von der Gesellschaft übernommen werden.

Zum Vertragsschlusse gehört die Aktienübernahme. Es soll vermieden werden, daß die Gründer mit dem Abschlusse des Vertrags verschwinden und das Unternehmen andern überlassen, sie müssen vielmehr Aktien übernehmen und also Mitglieder der Gesellschaft werden. Übernehmen die Gründer alle Aktien (Simultangründung), so ist mit der — gerichtlichen oder notariellen — Übernahmeerklärung die Gründung geschehen. Sie haben dann nur noch den Vorstand und den ersten Aufsichtsrat zu bestellen, und diese Organe haben entweder selbst oder, falls sie zu den Gründern gehören oder einen Vorteil ausbedungen erhalten haben, durch besondere Revisoren den Gründungshergang zu prüfen und alsdann im Vereine mit den Gründern die Gesellschaft zur Eintragung in das Handelsregister anzumelden (§§ 188, 190—195 HGB). Übernehmen die Gründer nicht alle Aktien (Sukzessivgründung), so erfolgt die Überlassung der andern Aktien an andere Personen dadurch, daß die Beitrittslustigen Aktien zeichnen. Die Zeichnung besteht in der einseitigen, notwendig schriftlichen Willenserklärung, sich an der Gesellschaft mit einer oder mehreren Aktien zu beteiligen, und begründet eine Verpflichtung gegenüber der künftigen Gesellschaft. Nach Eingang der zur Übernahme des Aktienrestes erforderlichen Zeichnungen ist von den Gründern ein Aktionärverzeichnis herzustellen und eine Generalversammlung zu berufen zur Wahl des Vorstands und des Aufsichtsrats. Nachdem alsdann durch diese Organe oder durch Revisoren eine Prüfung des Gründungshergangs bewirkt worden ist, melden Vorstand, Aufsichtsrat und Gründer die Gesellschaft zur Eintragung an. Das Gericht hat die Aktionäre zu einer (der konstituierenden) Generalversammlung zu berufen und diese Versammlung zu leiten. Sie beschließt endgültig über die Errichtung der Gesellschaft, und zwar, wenn der Gesellschaftsvertrag Änderungen in gewissen, besonders wichtigen Bestimmungen unterworfen wird, mit Einstimmigkeit, andernfalls mit Stimmenmehrheit; diese Mehrheit ist eine wenigstens den vierten Teil des Grundkapitals darstellende Summenmehrheit (§§ 189—202 HGB).

In zahlreichen Fällen wird zum Zwecke der Beschaffung des Grundkapitals (der Finanzierung der Gesellschaft) die Hilfe von sog. Emissionshäusern in Anspruch genommen, indem die Gründer oder Zeichner ihre Aktienbezugsrechte an einen oder mehrere Bankiers abtreten, wogegen sich diese zur „Emission“, d. i. zur Ausgabe der Aktien an das Publikum, verpflichten. Diese Maßnahme empfiehlt sich deshalb, weil das Publikum zu den emissionierenden Bankhäusern regelmäßig mehr Vertrauen hat als zu den ihm meist unbekannten Gründern. Der Bankier oder eine (Gelegenheits-, daher dem bürgerlichen Rechte unterliegende) Gesellschaft von Bankiers (Konsortium) übernimmt die Aktienbezugsrechte zu einem bestimmten Preise (dem sog. Konsortialkurse) und sucht dann, um einen Gewinn zu erzielen, die Aktien zu einem höheren Preise (dem sog. Emissionskurse) in den Verkehr zu bringen.

6. **Verfassung.** a) Die Gesellschaft m. b. H. hat nach dem Gesetz eine sehr einfache Organisation, durch Vertrag kann sie sich eine verwickeltere Verfassung geben. Das Gesetz verlangt nämlich nichts weiter, als daß die Gesellschaft einen oder mehrere Geschäftsführer habe, die nicht notwendig Mitglieder der Gesellschaft zu sein brauchen (§ 6). Sie haben für die Verwaltung der inneren Gesellschaftsangelegenheiten zu sorgen und die Gesellschaft nach außen zu vertreten. Zum Abschluß eines Rechtsgeschäfts bedarf es der Mitwirkung aller Geschäftsführer, soll aber der Gesellschaft gegenüber eine empfangsbedürftige Willenserklärung abgegeben werden (z. B. ein Vertragsangebot, eine Kündigung), so genügt es, daß sie an einen der Geschäftsführer gerichtet wird. Die Bestellung eines Aufsichtsrats ist nicht vorgeschrieben; ist ein solcher bestellt, so unterliegt er den für die Aktiengesellschaften gegebenen Vorschriften. Hauptwillensorgan ist die Versammlung der Gesellschafter. In dieser entscheidet Mehrheit der Stimmen (§§ 46—52 Ges.).

b) Die Aktiengesellschaft muß

aa) einen Vorstand haben; dieser kann aus einer oder mehreren Personen bestehen, die nicht Aktionäre zu sein brauchen. Für ihn gilt hinsichtlich der Vertretung das oben von den Geschäftsführern Gesagte. Die Vertretungsmacht dieser letzteren wie des Vorstandes ist Dritten gegenüber unbeschränkbar, aber jederzeit widerruflich, doch wird durch einen Widerruf an den aus dem Auftrag oder dem Dienstvertrage folgenden Rechten der Vertreter nichts geändert (§§ 231—241 HGB). Auch diese erlöschen durch Eröffnung des Konkurses über die Gesellschaft (§ 23 KO). Der Vorstand führt die laufende Verwaltung.

Die Kommanditgesellschaft auf Aktien hat in den persönlich haftenden Gesellschaftern geborene Vertreter. Die Vertretungsmacht dieser ist unwiderruflich, weil sie von der persönlichen Haftung nicht getrennt werden kann.

bb) Die Aktiengesellschaft muß einen Aufsichtsrat haben, der aus wenigstens drei Personen besteht. Diese dürfen nicht zugleich Vorstandsmitglieder, brauchen aber nicht Aktionäre zu sein. Der erste Aufsichtsrat wird entweder (§ 190) von den Gründern bestellt oder von der Versammlung der Zeichner gewählt, jeder spätere Aufsichtsrat wird von der Generalversammlung der Zeichner gewählt (§ 243). Seine Aufgabe ist die Überwachung der gesamten Geschäftsführung. Um seine Unparteilichkeit möglichst zu sichern, begünstigt das Gesetz einen häufigen Wechsel der Mitglieder, indem es die Amtsdauer des ersten Aufsichtsrats auf nur ein, die jedes späteren Aufsichtsrats auf höchstens fünf Jahre bemißt.

Vorstand und Aufsichtsrat haften gegenüber der Gesellschaft für die Sorgfalt eines ordentlichen Geschäftsmanns (§§ 241, 249). Eine Verletzung der Sorgfalt ist Verletzung des Dienstvertrags. Daher kann der durch „geschmeichelte" Bilanzen irregeleitete und geschädigte Aktienerwerber Rechte aus ihr nicht herleiten; aber auch einen Anspruch aus unerlaubter Handlung hat er nach RG 63, 325 nicht (anders 826), da kein besonderes Recht verletzt sei, die fraglichen Bestimmungen des HGB auch keine Schutzgesetze im Sinne des § 823 Abs. 2 seien (?).

cc) Das oberste Organ der Gesellschaft ist die Generalversammlung der Aktionäre: ihr sind die wichtigeren Willensentschlüsse vorbehalten, so namentlich bei der Sukzessivgründung schon die Errichtung der Gesellschaft, ferner die Statutenänderung und die Auflösung der Gesellschaft; sie bildet endlich die höchste Aufsichtsinstanz für Vorstand und Aufsichtsrat, daher ist ihr die Jahresbilanz mit der Gewinn- und Verlustberechnung vorzulegen. Die konstituierende Versammlung wird vom Gericht, jede spätere regelmäßig vom Vorstande berufen, doch steht auch dem Aufsichtsrate das Recht der Einberufung einer Versammlung zu. Die Beschlüsse werden regelmäßig mit einfacher Stimmenmehrheit, in besonderen Fällen durch eine höhere (qualifizierte) Mehrheit gefaßt, doch bedarf der Beschluß der gerichtlichen oder notariellen Beurkundung, einige auch der Eintragung ins Handelsregister. Im Interesse möglichster Reinhaltung der Geschäftsführung sind Aktionärminderheiten und Aktionärfraktionen unentziehbare Rechte eingeräumt: α) Ein Teil der Aktionäre, deren Aktien zusammen wenigstens $^1/_{10}$ des Grundkapitals darstellen, können, wenn der Verdacht unredlichen oder statutenwidrigen Verhaltens der Gesellschaftsorgane besteht, beim Gerichte[1]) die Ernennung von Revisoren beantragen, welchen die Prüfung der Gründungshergänge und der Geschäftsführung der letzten zwei Jahre obliegt (§ 264); dieselbe Minderheit kann eine Vertagung der über die Genehmigung der Bilanz stattfindenden Verhandlung verlangen (§ 264); β) eine Minderheit von $^1/_{10}$ des Grundkapitals kann gegen Gründer, Vorstands- und Aufsichtsratsmitglieder, sowie gegen Emissionshäuser Schadensersatzansprüche erheben (§§ 268, 269). Die Ausübung dieser Befugnis hängt jedoch von gewissen Garantien ab (halbjähriger Besitz und gerichtliche Niederlegung der Aktien, Bestellung der vom Gegner verlangten Sicherheit, § 133 ZPO) und birgt die Gefahr einer solidarischen Haftbarkeit für den der Gesellschaft zugefügten Schaden. γ) Eine

[1]) Amtsgericht, welches das Register führt. §§ 145, 246 FGG.

Minderheit von $^1/_5$ des Grundkapitals kann durch ihren Widerspruch die Aufgabe von Entschädigungsansprüchen aus Gründungsvorgängen verhindern (§§ 205, 208); d) eine Minderheit von $^1/_{20}$ des Grundkapitals kann die Berufung einer Generalversammlung verlangen (§ 254). Endlich ist sogar jeder einzelne Aktionär befugt, einen Beschluß der Generalversammlung wegen Verletzung des Gesetzes oder des Gesellschaftsvertrags anzufechten, sofern der in der Versammlung erschienene Aktionär seinen Widerspruch zu Protokoll erklärt hat, der nicht erschienene Aktionär aber zur Versammlung unberechtigterweise nicht zugelassen oder wenn die Berufung der Versammlung und die Ankündigung der Tagesordnung nicht gehörig erfolgt war. Die Klage wird gegen die Gesellschaft gerichtet und diese durch den Vorstand, falls er nicht selbst klagt, und durch den Aufsichtsrat vertreten. Sie kann nur innerhalb eines Monats erhoben werden. Ist die Klage begründet, so wird der angefochtene Beschluß für nichtig erklärt, die Rechtskraft des Urteils wirkt daher auch notwendig für und gegen die Aktionäre, die nicht Partei sind (§§ 271—273 HGB, § 113 ZPO).

7. **Herabsetzung des Kapitals.** Da das Grund- oder Stammkapital die einzige Kreditgrundlage der Gesellschaft bildet, ist vom Gesetze Fürsorge gegen eine Herabminderung dieses Kapitals getroffen. Hierher gehört

a) das Verbot von Kapitalrückzahlungen und von Zinsenzahlungen an die Mitglieder der Gesellschaft (§§ 213, 215 HGB, §§ 30, 31 Ges.); der Aktionär hat während des Bestehens der Gesellschaft nur Anspruch auf den Reingewinn. Es folgt hieraus, daß der Aktionär weder auf Grund einer Vertragsverletzung noch auf Grund unerlaubter Handlung von der Gesellschaft Ersatz desjenigen Schadens verlangen kann, der ihm durch seine Beteiligung an der Gesellschaft entstanden ist (RG 54, 128; 62, 29);

b) die Bestimmung, daß die Gesellschaft eigene Anteile nicht erwerben oder amortisieren darf, denn in beiden Fällen würde der Verkaufspreis oder ein anderer Betrag an den Gesellschafter ausgezahlt werden müssen. Das Verbot des Erwerbs greift aber dann nicht Platz, wenn es sich bei den Aktien um eine Einkaufskommission handelt, das Verbot der Amortisation dann nicht, wenn diese im Gesellschaftsvertrage vorgesehen ist (§§ 226, 227 HGB, §§ 33, 34 Ges.);

c) die Einlagezahlung darf nicht gestundet oder erlassen werden, und eine Aufrechnung der Einlagezahlungspflicht mit Forderungen des Gesellschafters findet nicht statt;

d) dem Zwecke der Wahrung des Kapitals dient die nunmehr vom Gesetze geregelte Pflicht der Gründer, Vorstands- und Aufsichtsratsmitglieder, der aktienausgebenden Bankhäuser und der Geschäftsführer, sowie derjenigen Personen, welche eine Gesellschaft m. b. H. zur Eintragung anmelden, zum Ersatze des durch sie verursachten Schadens (§§ 241, 249, 202—20 HGB, §§ 9, 44 Ges.).;

e) die Aktiengesellschaft und die Kommanditaktiengesellschaft, nicht aber auch die Gesellschaft m. b. H., muß zur Deckung eines aus der Bilanz sich ergebenden Verlustes einen Reservefonds haben (§§ 262, 320 HGB).

Zu den Mitteln, eine Herabsetzung des Grundkapitals möglichst auszuschließen, gehören ferner die vorsichtigen Bestimmungen des HGB (§§ 261, 262) über die Aufstellung der Bilanz, insbesondere die Vorschrift, daß das Grundkapital unter die Passiva aufzunehmen ist. Die Bilanz der Aktiengesellschaft ist keine Vermögensbilanz, d. h. keine Übersicht dessen, was die Gesellschaft an Vermögen hat, sondern sie ist eine Verteilungsbilanz, d. h. eine Berechnung dessen, was die Gesellschaft als Gewinn unter die Aktionäre verteilen kann. Soll aber ersichtlich gemacht werden, was an verteilungsfähigem Gewinn erzielt ist, so muß den einzelnen Stücken des zurzeit vorhandenen Vermögens der Gesellschaft (Grundstücken, Wertpapieren, Geld, ausstehenden Forderungen) der Betrag des Grundkapitals gegenübergestellt werden, weil sonst der gesamte Geldwert der aktiven Vermögensbestandteile als Überschuß, mithin als Gewinn erschiene. In der S. 52/53 abgedruckten Bilanz ist ein verteilbarer Gewinn von 2632718,35 Mark ersichtlich gemacht. Der Unterschied zwischen Aktiven und Passiven wird stets auf diejenige Seite der Bilanz geschrieben, welche die geringere Summe ergibt; ist dies die Passivseite, so ist jene Differenz Gewinn, ist es die Aktivseite, so ist Verlust vorhanden.[1])

8. Eine **Änderung des Gesellschaftsvertrags** kann nur durch die Generalversammlung mit Dreiviertelmehrheit beschlossen werden (§§ 274 ff. HGB, §§ 53 ff. Ges.). Eine Änderung ist:

a) Die Erhöhung des Grund- oder Stammkapitals; sie besteht in einer Vermehrung der Aktien oder Stammeinlagen, nicht notwendig in einer Vermehrung der Mitgliederzahl, denn die bisherigen Mitglieder einer Gesellschaft m. b. H. können zum Erwerbe der neuen Anteile, die bisherigen Aktionäre müssen zum Erwerbe der neu auszugebenden Aktien kraft ihres gesetzlichen, ihrem bisherigen Anteil am Grundkapital entsprechenden Bezugsrechts zugelassen werden (§ 55 Ges., § 282 HGB). Betreffs der Einbringung von Apports gelten dieselben Vorsichtsmaßregeln wie bei der Gründung der Gesellschaft (§ 56 Ges., § 279 HGB). Die Aktiengesellschaft soll ihr Grundkapital nicht vor der Einzahlung des ganzen bisherigen Kapitals erhöhen (§ 278 HGB).

---

[1]) Siehe Anmerkung auf S. 52, 53.

b) Die Herabsetzung des Kapitals bedarf bei der Aktiengesellschaft einer Mehrheit, deren Aktien wenigstens 3/4 des Grundkapitals darstellen. Bei ihr sowohl wie bei der Gesellschaft m. b. H. darf der Beschluß zur Ausführung gelangen nur, wenn die Gesellschaftsgläubiger benachrichtigt worden sind, die sich zu diesem Zwecke meldenden Gläubiger Befriedigung oder Sicherheit empfangen haben und seit der letzten öffentlichen Aufforderung ein Jahr verstrichen ist (§§ 288—291 HGB, § 58 Ges.).

c) Eine Änderung des Kapitalbestandes wird auch durch die sog. Nachgründung herbeigeführt, d. h. einen innerhalb zweier Jahre

---

1) **Hypothekenbank**

Aktiva. **Bilanz ultimo**

	Mk.	Pf.	Mk.	Pf.
Kassa und Guthaben bei Banken				
Kassenbestand	2 386 371	58		
Giroguthaben bei der Reichsbank und bei der Vereinsbank Hamburg	149 797	99		
Guthaben in laufender Rechnung bei der Deutschen Bank und anderen ersten Bankhäusern	9 119 266	92	11 655 436	49
Wechsel-Konto			175 203	17
Effekten-Konto (Hamburger, Preußische, Sächsische und Reichs-Anleihen; davon ins Pfandbriefdeckungsregister eingetragen Mk. 8 023 400,—)			8 734 179	—
Darlehen auf Hypotheken			413 000	—
Hypotheken (davon ins Deckungsregister eingetragen Mk. 416 644 534,82) . . .			430 697 550	36
Fällige Hypotheken-Darlehnszinsen (rückständig Mk. 36 719,86)			4 232 096	79
Bankgebäude-Konto Hamburg			600 000	—
Bankgebäude-Konto Berlin			500 000	—
Debitoren in laufender Rechnung . . .			528 096	34
			457 535 562	15

Debet. **Gewinn- und Verlust-Konto**

	Mk.	Pf.	Mk.	Pf.
An Pfandbrief-Zinsen			15 444 911	64
„ Beamten-Unterstützungsfonds . . .			60 000	—
„ Effekten-Konto (Kursverlust)			51 220	—
„ Unkosten-Konto:				
Saldo des Kontos	586 638	15		
Vortrag auf neue Rechnung . . .	70 000	—	656 638	15
Überschuß . . .			2 632 718	35
			18 845 488	14

nach der Errichtung der Aktiengesellschaft von dieser geschlossenen Vertrag, welcher den Erwerb einer unbeweglichen Sache oder vorhandene oder herzustellende, dauernd zum Geschäftsbetriebe der Gesellschaft bestimmte Anlagen gegen eine den zehnten Teil des Grundkapitals übersteigende Vergütung zum Gegenstande hat (§§ 207, 208 HGB). Es soll auch durch diese Bestimmung der Gefahr vorgebeugt werden, daß auf Grund von Abmachungen aus der Zeit vor Errichtung der Gesellschaft das Grundkapital tatsächlich herabgemindert werde. Ein Erwerb zu einem unverhältnismäßig hohen Preise heißt **Übergründung**.

in Hamburg.

Dezember 1904. **Passiva.**

	Mk.	Pf.	Mk.	Pf.
Aktienkapital-Konto			24 000 000	—
Ordentlicher Reservefonds			7 365 485	75
Reserve-Konto II, für etwaiges künftiges Pfandbrief-Disagio usw.			4 949 438	73
Hypothekenpfandbriefe,				
4 % ige Pfandbriefe	256 495 500	—		
3½ % ige „	153 632 500	—	410 128 000	—
Fällige Hypothekenpfandbriefe			20 030	50
Fällige Coupons unserer Pfandbriefe . .			4 973 113	27
Dividenden-Konto (Restanten)			840	—
Pfandbrief-Agio-Konto (§ 26 des Reichshypothekenbankgesetzes)			1 031 786	75
Vorträge auf Provisions-Konto			876 845	86
Vorträge auf Hypothekenzinsen-Konto . .			509 365	87
Vorträge auf Unkosten-Konto			70 000	—
Beamten-Unterstützungsfonds			690 503	16
Kreditoren in laufender Rechnung . . .			323 433	91
Gewinn- und Verlust-Konto			2 632 718	35
			457 535 562	15

ultimo Dezember 1904. **Kredit.**

	Mk.	Pf.	Mk.	Pf.
Per Bilanz-Konto			157 602	55
„ Hypotheken-Zinsen			17 818 626	16
„ Zinsen-Konto			649 390	83
„ Provisions-Konto			146 854	81
„ Pfandbrief-Agio-Konto			73 013	79
			18 845 488	14

d) Eine weitere Änderung ist die sog. Fusion, d. h. die Vereinigung mehrerer Aktiengesellschaften in der Weise, daß aus den mehreren Gesellschaften eine neue entsteht, oder so, daß die eine Gesellschaft in der andern aufgeht. Da die Fusion also jedenfalls die Auflösung einer Gesellschaft herbeiführt, das gesamte Vermögen der aufgelösten Gesellschaften aber auf die andere oder auf die neue Gesellschaft übergeht, so bedarf es der Befriedigung oder Sicherstellung der Gläubiger der aufgelösten Gesellschaft und des Ablaufs eines Jahres (des sog. Sperrjahres), in welchem die Vermögen der verschiedenen Gesellschaften getrennt zu verwalten sind, und nach dessen Ablauf die Vereinigung in der Weise erfolgt, daß die Aktionäre der aufgelösten Gesellschaft Aktien der andern oder der neuen Gesellschaft erhalten (§§ 305, 306 HGB).

9. Die **Auflösung** der Gesellschaft erfolgt (§ 292 HGB, § 60 Ges.):

a) von selbst mit Ablauf der Zeit, für welche die Gesellschaft errichtet war;

b) durch Auflösungsbeschluß der Gesellschafter, welcher bei der Gesellschaft m. b. H. Dreiviertelmehrheit, bei der Aktiengesellschaft eine Mehrheit, die wenigstens $^{3}/_{4}$ des in der Versammlung vertretenen Grundkapitals erfordert, und die Befriedigung oder Sicherstellung der Gläubiger, sowie den Ablauf des Sperrjahres voraussetzt;

c) im Falle des Konkurses der Gesellschaft. Da die Befriedigung der Gläubiger nur aus dem Vermögen der Gesellschaft erfolgt, kann der Konkurs nicht bloß im Falle der Zahlungsunfähigkeit, sondern auch im Falle der Überschuldung eröffnet werden. Der Vorstand oder die Geschäftsführer sind beim Vorhandensein einer dieser Voraussetzungen zum Antrag auf Konkurseröffnuug verpflichtet (§§ 63, 64 Ges., § 240 HGB, § 207 KO).

d) Ein Auflösungsgrund für die Gesellschaft m. b. H. ist ferner das gerichtliche Urteil oder der Ausspruch im Verwaltungsstreitverfahren. Die Auflösung kann nämlich ausgesprochen werden:

aa) aus privatrechtlichen Gründen, insbesondere, wenn die Erreichung des Gesellschaftszweckes unmöglich wird, oder ein anderer wichtiger Grund vorliegt, mittels einer gegen die Gesellschaft gerichteten Klage von Gesellschaftern, deren Geschäftsanteile wenigstens $^{1}/_{10}$ des Stammkapitals darstellen, durch Urteil des Landgerichts, in dessen Bezirke die Gesellschaft ihren Sitz hat (§ 61);

bb) aus öffentlichrechtlichen Gründen, wenn die Gesellschaft das Gemeinwohl dadurch gefährdet, daß die Mitglieder gesetzwidrige Beschlüsse fassen oder gesetzwidrige Handlungen der Geschäftsführer zulassen (§ 62). Ein Entschädigungsanspruch gegen den Staat besteht nicht.

Für die Aktiengesellschaft fehlt es an einer derartigen Vorschrift. Doch ist die Entziehung der Rechtsfähigkeit gemäß § 43 BGB möglich, wenn die Gesellschaft das Gemeinwohl gefährdet (§ 292 Abs. 2 HGB).

Außer im Falle des Konkurses tritt die **Liquidation** ein. Liquidatoren sind im Zweifel die Vorstandsmitglieder der Aktiengesellschaft, die Geschäftsführer der Gesellschaft m. b. H. Die Liquidation hat den Zweck, die Auflösung durchzuführen. Dahin gehört vor allem die Befriedigung oder Sicherstellung der Gläubiger und schließlich die Verteilung des verbliebenen Vermögens an die Mitglieder der Gesellschaft nach Maßgabe ihrer Anteile am Gesellschaftsvermögen (§§ 294 bis 302 HGB).

Einer Liquidation bedarf es ferner nicht im Falle der Umwandlung einer Aktiengesellschaft in eine Gesellschaft m. b. H. Die letztere wird Rechtsnachfolgerin der aufgelösten Aktiengesellschaft. Das Stammkapital der neuen Gesellschaft darf nicht geringer sein als das Grundkapital der alten.

Anhang.

§ 21. Die Erwerbs- und Wirtschaftsgenossenschaften.

1. **Begriff.** Genossenschaften im engeren Sinne sind „Gesellschaften von nicht geschlossener Mitgliederzahl, welche die Förderung des Erwerbes oder der Wirtschaft ihrer Mitglieder mittels gemeinschaftlichen Geschäftsbetriebes bezwecken“.

Sie sind ein Erzeugnis der neueren Zeit, hervorgegangen namentlich aus den Bestrebungen von Schulze-Delitzsch, Personen, welche nicht das für wirtschaftliche Unternehmungen von größerem Umfang erforderliche Kapital besitzen, zu Gesellschaften zu vereinigen und ihnen damit die Vorteile des Großbetriebs, insbesondere die Konkurrenzfähigkeit, zu sichern. Ihre erste gesetzliche Regelung erhielten sie durch ein preußisches Gesetz vom 27. März 1867, alsdann durch ein norddeutsches Bundesgesetz vom 4. Juli 1868 und schließlich in dem jetzt geltenden, durch das EG z. neuen HGB vom 10. Mai 1897 nur wenig geänderten Reichsgesetze vom 1. Mai 1889 (in der Fassung vom 20. Mai 1898).

Die Genossenschaften sind zwar juristische Personen (§ 1), doch steht neben der körperschaftlichen Haftung mit dem Genossenschaftsvermögen die solidarische Haftung der Mitglieder.

Denn soll der Genossenschaft, welche auf die Aufnahme möglichst vieler Mitglieder von geringer Kapitalkraft berechnet ist, der zum Großbetrieb erforderliche Kredit gesichert werden, so bedarf es einer möglichst ausgedehnten Kreditgrundlage. Als solche erschien früher das Genossenschaftsvermögen allein nicht ausreichend, die beiden älteren Gesetze statuierten daher die persönliche, unbeschränkte Haftung sämtlicher Genossen, und zwar unmittelbar den Genossenschaftsgläubigern gegenüber. Das neue Gesetz hielt diese strenge Haftung für nicht unbedingt notwendig, dabei für allzu bedrohlich für die kapitalkräftigeren Mitglieder der Genossenschaft, es läßt deshalb die Wahl zwischen drei verschiedenen Haftungsformen.

a) Die Genossenschaft mit unbeschränkter Haftpflicht. Die einzelnen Genossen haften zwar solidarisch und unbeschränkt unmittelbar dem Genossenschaftsgläubiger gegenüber, aber nur auf den Ausfall, den dieser im Genossenschaftskonkurse erleidet. Dabei sucht das Gesetz die Maßnahme einer unmittelbaren Inanspruchnahme der Mitglieder und daher die Gefahr ungleicher Verteilung der Genossenschaftslasten dadurch zu vermeiden, daß es die Heranziehung der Genossen zu einer Ergänzung der Konkursmasse anordnet. Sofort nach Niederlegung der Bilanz (§ 124 KO) hat nämlich der Konkursverwalter eine Berechnung des vermutlichen Ausfalls der Gläubiger und also derjenigen Beiträge aufzustellen, welche jeder Genosse vorschußweise an die Konkursmasse zu zahlen haben wird. Diese sog. Vorschußberechnung dient der Abwendung eines Ausfalls. Hat sich aber nach Vornahme der Schlußverteilung dennoch ein Ausfall herausgestellt, so nimmt der Verwalter die Nachschußberechnung vor, welche das Vorhandensein eines Ausfalls zur Voraussetzung hat und daher dem einzelnen Genossen diejenigen Beträge zu zahlen auferlegt, welche zur Deckung des Ausfalls erforderlich sind. Beide Berechnungen reicht der Verwalter beim Konkursgericht ein, dieses gibt den Genossen Gelegenheit, Einwendungen zu erheben, und erklärt die Berechnung, soweit sie nicht oder ohne Grund angefochten ist, für vorläufig vollstreckbar. Damit ist dem Verwalter die Möglichkeit sofortiger Zwangsvollstreckung gewährt, denn einem Rechtsmittel unterliegt die konkursrichterliche Vollstreckbarkeitserklärung nicht, der Genosse kann sie nur mittels einer gegen den Verwalter zu richtenden Klage anfechten. Das rechtskräftige Urteil wirkt für und gegen alle beitragspflichtigen Genossen (§§ 105 ff.). Erst nachdem seit der Vollstreckbarkeitserklärung der Nachschußberechnung drei Monate verflossen sind, kann der Gläubiger wegen des Ausfalls, den er trotz der dargestellten Maßnahmen (insbesondere infolge Zahlungsunfähigkeit eines Genossen) erlitten hat, die einzelnen Genossen unmittelbar in Anspruch nehmen (§ 122).

b) Die (unbeliebte) Genossenschaft mit unbeschränkter Nachschußpflicht. Der Genosse haftet persönlich und unbeschränkt, aber nur gegenüber der Genossenschaft. Es findet daher auch bei ihr jene Vorschuß- und Nachschußberechnung statt, aber damit sind die zur Abwendung und Deckung eines Ausfalls zulässigen Maßnahmen erschöpft, der ausgefallene Gläubiger kann sich nicht an die einzelnen Genossen halten (§§ 126 ff. Ges.).

c) Die Genossenschaft mit beschränkter Haftpflicht. Die Genossen haften zwar der Genossenschaft und den Gläubigern unmittelbar, aber nur auf eine im voraus festgesetzte Summe, und nur auf den Ausfall, den der Gläubiger im Konkurse der Genossenschaft erlitten. Daher darf die Vorschuß- und Nachschußberechnung über die Haftsumme nicht hinausgehen, und fordert der Gläubiger von einzelnen Genossen den Ausfall, so darf er nicht mehr fordern, als der Genosse nach Zahlung der auf Grund jener Vereinbarung zu entrichtenden Beträge von der Haftsumme noch zu leisten hat (§ 126 Ges.).

2. Der **Entstehung** der Genossenschaft liegt der Abschluß eines schriftlichen Vertrags unter wenigstens sieben Personen, das Genossenschaftsstatut, zugrunde (§§ 4, 5), alsdann ist der Vorstand und der Aufsichtsrat zu wählen und hierauf die Genossenschaft vom Vorstande zur Eintragung in das amtsgerichtliche Genossenschaftsregister anzumelden. Die Eintragung hat auch hier rechtsbegründende Wirkung (§ 13).

3. **Mitgliedschaftsrechte.** Die Genossenschaft ist auf die Aufnahme einer möglichst großen Zahl von Genossen berechnet; daher ist diese Zahl keine geschlossene (§ 1), der Ein- und Austritt von Genossen kann zu jeder Zeit stattfinden, und das durch die Einlagen gebildete Genossenschaftsvermögen ist stetem Wechsel unterworfen. Der Beitritt von Genossen zu der in der Entstehung begriffenen Genossenschaft erfolgt durch Unterzeichnung des Statuts, der Beitritt zur bestehenden Genossenschaft durch eine schriftliche, unbedingte, die Art der Haftung zum Ausdruck bringende Erklärung. Da die Zahl und die Personen der Mitglieder für den Kredit der Genossenschaft von derselben Bedeutung sind wie das Grundkapital der Aktiengesellschaft, liegt beim Amtsgericht eine Liste der Genossen zu jedermanns Einsicht offen. Erst mit der Eintragung des neuen Genossen in diese Liste entsteht seine Mitgliedschaft (§ 15).

Jeder Genosse ist am gemeinsamen Betriebe mit einem Geschäftsanteil beteiligt. Dieser Ausdruck bezeichnet hier etwas anderes als bei den im vorigen Paragraphen behandelten Gesellschaften; er bezeichnet nämlich denjenigen Geldbetrag, bis zu welchem die einzelnen Genossen Einlagen in das Genossenschaftsvermögen machen können. Er ist eine Grenze, die nicht überschritten werden darf, innerhalb dieser Grenze aber können die Anteile für die einzelnen Genossen verschieden sein.

Verschieden von dem Anteil ist das Geschäftsguthaben: dieses ist der Gegenstand eines durch die Mitgliedschaft bedingten Forderungsrechts und beträgt so viel, als der Genosse erhalten würde, wenn der Genosse ausschiede oder die Genossenschaft sich auflöste. Es wird zusammengesetzt aus den auf den Geschäftsanteil an die Genossenschaft tatsächlich gezahlten Beträgen und dem gutgeschriebenen Gewinn und wird vermindert durch den abgeschriebenen Verlust.

Im ersten Geschäftsjahr ist das Guthaben also gleich der wirklich geleisteten Einzahlung, im nächsten Jahre geht der Verlust ab oder es tritt der Gewinn hinzu. Die Höhe des Guthabens gibt den Maßstab für die Gewinnverteilung und für die Verteilung des Vermögens der aufgelösten Genossenschaft, der Gewinn aber darf ausgezahlt werden, erst wenn der Geschäftsanteil erreicht ist. Zinsen von bestimmter Höhe werden auch hier den Genossen nicht gewährt. Nur die Mitglieder einer Genossenschaft mit beschränkter Haftpflicht können sich mit mehreren Geschäftsanteilen beteiligen (§§ 119, 126, 134). Bei diesen Genossenschaften ist aber wiederum zwischen Geschäftsanteil und Haftsumme zu unterscheiden. Die Haftsumme ist derjenige Betrag, den der Genosse zum Zwecke der Tilgung der Genossenschaftsschulden im äußersten Falle zu zahlen verpflichtet ist, sie kann nie geringer, wohl aber höher sein als der Geschäftsanteil (§ 131).

Dem freiwilligen Austritte des Genossen (§§ 55 ff.) muß eine, nur zum Schlusse des Geschäftsjahres zulässige, dreimonatige schriftliche Kündigung vorangehen. Die Frist kann auf zwei Jahre gesteigert, auf sechs Wochen herabgesetzt werden. Auch der Gläubiger eines Genossen kann, wie der eines Handelsgesellschafters, kündigen. Ein Ausschluß des Genossen kann erfolgen, wenn er die bürgerlichen Ehrenrechte verliert oder an einer Konkurrenzgenossenschaft beteiligt ist (§ 68). Stirbt ein Genosse, so scheidet er erst mit dem Ende des laufenden Geschäftsjahres aus, bis dahin stehen die Mitgliedschaftsrechte den Erben zu. Die Auseinandersetzung eines ausscheidenden Genossen mit der Genossenschaft erfolgt auf Grund der letzten Bilanz, sein Guthaben soll in spätestens sechs Monaten ausgezahlt werden, und sein Anspruch darauf verjährt in zwei Jahren. Die Übertragung des Geschäftsanteils setzt einen schriftlichen Vertrag voraus und führt nicht zu einer Auseinandersetzung, wenn der Erwerber schon Genosse ist oder es an Stelle des Veräußerers wird (§ 76).

Der Erhaltung der Kreditgrundlage dient auch hier eine Reihe von Bestimmungen, insbesondere das Verbot der Einlagerückzahlung und der Zinsenzahlung, sowie das Gebot der Bildung eines Reservefonds, vornehmlich aber solche über die Haftpflicht der Genossen

4. Die Genossenschaft muß einen **Vorstand und einen Aufsichtsrat** haben, der erstere besteht aus wenigstens zwei, der letztere aus wenigstens drei Mitgliedern; sie werden von der Generalversammlung aus der Zahl der Genossen gewählt. Höchstes Willensorgan der Genossenschaft ist die Generalversammlung, in welcher jeder Genosse eine Stimme hat. Die Tätigkeitsgebiete dieser Organe sind im wesentlichen dieselben wie bei der Aktiengesellschaft.

Die Genossenschaft kann ihren Geschäftsbetrieb auf Personen ausdehnen, die nicht zu ihren Mitgliedern gehören. Hiervon machen jedoch die Genossenschaften, deren Geschäftsbetrieb die Darlehnsgewährung bezweckt (Vorschußvereine, Darlehnskassen), und die Konsumvereine eine Ausnahme (§ 8).

5. Die **Auflösung** der Genossenschaft (§§ 78ff.) erfolgt durch Beschluß der Generalversammlung mit wenigstens Dreiviertelmehrheit der erschienenen Genossen. Sinkt die Zahl der Genossen unter sieben herab, so ist die Genossenschaft durch das Registergericht auf Antrag des Vorstands oder von Amts wegen aufzulösen. Gefährdet die Genossenschaft das Gemeinwohl durch Vornahme gesetzwidriger Handlungen, oder verfolgt sie andere als die statutenmäßigen Zwecke, so kann sie von der Verwaltungsbehörde aufgelöst werden. Die Auflösung der Genossenschaft tritt auch im Falle des Konkurses ein. Da die Genossenschaft in der Lage ist, zur Ergänzung ihres Vermögens die Genossen heranzuziehen, so reicht die bloße Überschuldung nur bei den Genossenschaften mit beschränkter Haftpflicht zur Konkurseröffnung aus, während der Konkurs der anderen Genossenschaften Zahlungsunfähigkeit voraussetzt (§§ 98, 140). Eine Aufhebung des Konkurses durch Zwangsvergleich findet nicht statt, denn der Zwangsvergleich würde den Gläubigern auch die Rechte gegen die einzelnen Genossen entziehen.

§ 22. Die Gelegenheitsgesellschaft.

Schließen sich mehrere Personen zur Vornahme einzelner Handelsgeschäfte zusammen, so entsteht eine Gelegenheitsgesellschaft. Für diese hat das neue HGB (in Gegensatz zum alten) keine Bestimmungen getroffen; sie unterliegen daher den Vorschriften des BGB über die Gesellschaft (§§ 705ff).

Hierher gehören namentlich die sog. Konsortien, d. h. die Vereinigung von Bankiers zur Ausgabe (Emission) von Wertpapieren.

§ 23. Die Reederei.

Ist ein Schiff Bestandteil des Vermögens einer Handelsgesellschaft, so richten sich die Rechtsverhältnisse der Gesellschafter nach den

Grundsätzen der betreffenden Gesellschaftsform. Wird aber von mehreren Personen ein ihnen gemeinschaftlich zustehendes Schiff zum Erwerbe durch die Seefahrt für gemeinschaftliche Rechnung verwendet, so besteht das eigentümliche Rechtsverhältnis der Reederei (§§ 489—510 HGB). Maßgebend für dieses Rechtsverhältnis ist stets der unter den Parteien geschlossene Vertrag. Da zwar nicht das Miteigentum am Schiffe, wohl aber die Verwendung des Schiffes für gemeinschaftliche Rechnung immer auf einen Vertrag zurückzuführen ist, so bildet die Reederei nicht bloß ein Miteigentumsverhältnis, sondern eine Gesellschaftsform eigentümlicher Art, welche das gemeinsame Eigentum am Schiffe nur ebenso zur Voraussetzung hat, wie die bergrechtliche Gewerkschaft das Eigentum an einem Bergwerk.

Das Miteigentum ist deutsch-rechtliches Gesamteigentum. Die Anteile heißen Schiffsparten, sie sind veräußerlich, unterliegen also auch der Zwangsvollstreckung durch die Gläubiger eines Mitreeders. Der Erwerber der Part tritt in die Gesellschaft ein, welche als reine Vermögensgemeinschaft vom Wechsel der Mitglieder nicht abhängt.

Betreffs der Schuldenhaftung ist zwischen den eigentlichen Schiffsschulden und andern Schulden zu unterscheiden. Für jene (§§ 486, 494) haftet die Reederei, ebenso wie der einzelne Reeder, nur mit dem Schiffsvermögen, d. h. mit Schiff und Fracht, für diese haften die Mitreeder persönlich nach dem Verhältnis ihrer Part. Gewinn und Verlust wird nach Parten verteilt, von Zuschußzahlungen kann sich der Mitreeder durch Aufgabe (Abandonierung) seiner Part, die den andern Mitreedern nach Verhältnis ihrer Anteile anwächst, befreien. Beschlüsse werden mit Stimmenmehrheit gefaßt, sogar der Auflösungsbeschluß bedarf keiner qualifizierten Mehrheit. Die Veräußerung des Schiffs enthält eine Auflösung der Gesellschaft, weil das Schiff die notwendige Grundlage der Reederei bildet. Aber die Organisation der Reederei bleibt bis zur vollständigen, der Liquidation gleichenden Abwicklung der Reedereigeschäfte bestehen (RG 42, 74).

Durch Beschluß der Reederei kann zur Besorgung ihrer Geschäfte ein sog. Korrespondentreeder bestellt werden. Dieser vertritt die Reederei in allen Geschäften, welche der Betrieb der Reederei gewöhnlich mit sich bringt. Seine Vertretungsbefugnis reicht also weiter als die eines Handlungsbevollmächtigten, die sich nach den Verhältnissen des bestimmten Handelsgewerbes richtet.

Die Reederei hat nicht die Eigenschaft einer juristischen Person.

Drittes Buch: Handelsgeschäfte.

Erster Abschnitt.

§ 24. Allgemeine Grundsätze.

Was Handelsgeschäfte sind, ist oben (§ 6) erörtert. Für sie gab das alte HGB und gibt jetzt das neue HGB (§§ 343ff.) eine Reihe von Vorschriften, welche von denen des allgemeinen bürgerlichen Rechts abweichen und auf alle Handelsgeschäfte Anwendung finden.

1. Das BGB stellt die Regel auf, daß schlechthin für **Fahrlässigkeit**, d. i. für jeden Grad des Versehens, einzustehen sei (§ 276), und beschränkt in einzelnen Fällen die Haftung auf grobe Fahrlässigkeit. Gewisse Personen aber haften für **diligentia in concreto**, d. h. sie können sich gegenüber der an und für sich begründeten Haftung für jedes Versehen darauf berufen, daß sie in eigenen Angelegenheiten eine geringere Sorgfalt anwenden, nach BGB aber bleiben sie in jedem Falle für grobe Fahrlässigkeit haftbar (§ 277). Zu diesen Personen gehören auch die Mitglieder von offenen Handelsgesellschaften und Kommanditgesellschaften (§§ 105, 161 HGB, § 708 BGB).

Auch das HGB legt für die Regel den abstrakten Maßstab an. Denn überall da, wo nach seinen Bestimmungen jemand aus einem Geschäfte, das für ihn Handelsgeschäft ist, einem andern zur Sorgfalt verpflichtet ist, verlangt es die Sorgfalt eines ordentlichen Kaufmanns, eines ordentlichen Frachtführers, eines ordentlichen Schiffers, d. h. diejenige Sorgfalt, die jeder ordentliche Mann dieses Gewerbes zu beobachten pflegt. Im übrigen kommen die Vorschriften des BGB zur Anwendung. Das HGB will also in den angegebenen Fällen nur eine strengere Beurteilung.

Grundsätzlich haftet ein jeder nur für sein eigenes Verhalten. Von diesem Grundsatze weicht jedoch das moderne Recht in vielen Fällen ab, und auch das gemeine Recht nahm eine Haftung des **conductor operis** für seine Gehilfen an (RG 10, 65; 23, 91). Den letzteren Grundsatz verallgemeinert § 278 BGB. Danach hat jeder das Verschulden derjenigen Personen zu vertreten, deren er sich zur Erfüllung seiner Verbindlichkeiten bedient. Die Haftung ist die gleiche, wie wenn der Schuldner selbst handelte. Haftet also der Schuldner nur für grobes Versehen, so haftet er auch nur für ein grobes Versehen des Dritten. Die Haftung für vorsätzliches Handeln des Dritten kann dem Schuldner im voraus erlassen werden (§§ 276, 278 BGB).

Durch besondere Bestimmungen ist die Haftung des Frachtführers, der Eisenbahn, des Reeders, des Schiffseigners geregelt; sie haften für das Verschulden ihrer Leute und der Personen, deren sie sich zur Ausführung des Transports bedienen, bzw. für das Verschulden der Schiffsbesatzung (§§ 429, 431, 458, 485 HGB, § 3 Ges. vom 15. Juni 1895), und zwar auch ohne eigenes Verschulden. Man darf diese Vorschriften nicht als überflüssige ansehen (wie Staub zu § 431 tut), sie haben offenbar den Zweck, für jedes Versehen, das bei irgendeiner an Stelle des eigentlich Verpflichteten vorgenommenen Tätigkeit vorkommt, diesen eigentlich Verpflichteten haftbar zu machen.

2. Über die **Vertragsstrafe** bestimmen jetzt die Vorschriften des BGB (§§ 339—345). Während aber das BGB dem Richter das Recht gibt, auf Antrag des Schuldners eine bereits verwirkte, aber noch nicht entrichtete Strafe durch Urteil auf den angemessenen Betrag herabzusetzen (§ 343 BGB, § 75 Abs. 2 HGB, § 4 Ges. über Abzahlungsgeschäfte vom 16. Mai 1894), findet das Ermäßigungsrecht nicht statt, wenn die Strafe von einem Kaufmann, der nicht Kleinkaufmann ist, im Betriebe seines Handelsgewerbes versprochen ist (§§ 348, 360 HGB).

Die Vertragsstrafe, die ein Handlungsgehilfe in einem sog. Konkurrenzausschließungsvertrage verspricht, deckt nicht bloß das volle Interesse des andern Teils, sondern gilt gleichzeitig als Wandelpön (Reugeld). Denn handelt der Verpflichtete dem Vertrage zuwider, so kann der andere Teil weder den Ersatz eines weiteren Schadens noch die Erfüllung, sondern nur die Strafe verlangen (§ 75 Abs. 2 HGB).

3. Ist die **Bürgschaft** für den Bürgen Handelsgeschäft, und ist der Bürge Vollkaufmann, so steht ihm die Einrede der Vorausklage nicht zu. Dasselbe gilt für den Vollkaufmann, der aus einem Kreditauftrag als Bürge haftet (§§ 349, 351 HGB, §§ 771, 778 BGB).

4. Nachdem das BGB für Rechtsgeschäfte den Grundsatz der **Formfreiheit** aufgestellt hat, entfiel für das neue HGB die Notwendigkeit, diesen Grundsatz für sein Gebiet nochmals auszusprechen. Formvorschriften bilden nunmehr die Ausnahme.

Schriftform ist nach dem BGB außer bei anderen Geschäften insbesondere auch für die Bürgschaftserklärung (§ 766), für das selbständige Schuldversprechen (§§ 780, 782), für das Schuldanerkenntnis (§§ 781, 782) vorgeschrieben, aber das HGB entbindet diese Geschäfte von der Schriftform, wenn die Bürgschaft auf seiten des Bürgen, das Versprechen oder das Anerkenntnis auf seiten des Schuldners ein Handelsgeschäft und dort der Bürge, hier der Schuldner Vollkaufmann ist (§ 350). Hieraus folgt zugleich, daß alle andern Geschäfte, für welche das BGB eine Form verlangt, dieser Form auch dann unterliegen, wenn sie Handelsgeschäfte sind. Außerdem verlangt das HGB Schriftform

a) für die Erklärung, daß der Lehrling zu einem anderen Gewerbe oder einem anderen Berufe übergehen werde (§ 78) und,

b) für die Zeichnung von Aktien (§§ 189, 281, 320).

Daß die Schaffung eines Wertpapiers nur in Schriftform erfolgen kann, versteht sich von selbst.

Nur der schriftlich abgeschlossene Lehrvertrag begründet ein Recht, die Zurückführung des entlaufenen Lehrlings zu verlangen (§ 130 GewO, ähnlich § 79 HGB).

5. Über den **Abschluß von Verträgen,** insbesondere auch über die Wirkung eines Vertragsangebots, entscheiden die Bestimmungen des BGB. Danach ist grundsätzlich der Empfänger einer Offerte nicht verpflichtet, auf den Vertragsantrag zu antworten. Eine solche Pflicht besteht aber nach Handelsrecht für den Kaufmann, dessen Gewerbebetrieb die Besorgung von Geschäften für andere mit sich bringt, oder der sich dem Auftraggeber gegenüber zur Besorgung bestimmter Geschäfte bereit erklärt hat, wenn er im letzteren Falle von diesem, im ersteren Falle von jemand, mit dem er in Geschäftsverbindung steht, einen Auftrag zur Besorgung von Geschäften dieser Art erhält. Die Folge der Nichtablehnung ist, daß das Schweigen als Annahme gilt (§ 362 HGB).

Auch die Verträge zugunsten Dritter unterliegen den Bestimmungen des BGB (§§ 328—335). Danach ist ein Vertrag zugunsten eines Dritten nur dann vorhanden, wenn der Rechtserwerb des Dritten besonders stipuliert, nicht auch dann, wenn er die notwendige Folge des Vertrags ist. Daher unterliegen die Fälle der Schuldübernahme, bei denen der Gläubiger ein Recht gegen den Übernehmer erwirbt (§ 419 BGB, § 25 HGB), nicht den vom BGB über die Verträge zugunsten Dritter gegebenen Bestimmungen. Dasselbe gilt vom Frachtvertrag. Für diese Fälle bestehen besondere Vorschriften (s. insbesondere § 433 HGB).

Über abstrakte Verträge entscheidet jetzt das BGB Dieses erkennt in Übereinstimmung mit der herrschenden Lehre des gemeinen Rechts das abstrakte Versprechen als rechtsverbindlich an und weicht vom bisherigen Rechte nur darin ab, daß es sowohl für das Versprechen als für das Anerkenntnis die schriftliche Form fordert. Diese Form ist nicht notwendig

a) wenn das Versprechen oder Anerkenntnis auf Grund einer Abrechnung oder eines Vergleichs gegeben wird (§ 782),

b) wenn das Versprechen oder Anerkenntnis auf seiten des Schuldners ein Handelsgeschäft ist (§ 350 HGB, s. oben 4).

6. Ist die **Zeit der Leistung** weder durch Gesetz oder Willenserklärung noch durch die Umstände, insbesondere durch die Natur des Schuldverhältnisses, bestimmt, so ist die Leistung nach altem wie neuem Recht (§ 271 BGB) mit der Entstehung des Schuldverhältnisses fällig, d. h. es kann ihre sofortige Vornahme gefordert werden (**quod sine die debetur, statim debetur**).

Die Fälligkeit der Schuld kann dadurch hinausgeschoben sein, daß die Leistungszeit bestimmt, oder daß die Schuld auf Kündigung gestellt ist. Bestimmung der Zahlungszeit gehört zu den wesentlichen Erfordernissen des Wechsels (Art. 4 Nr. 4, Art. 96 Nr. 4 WO), s. im Wechselrecht.

Bezahlt der Schuldner eine unverzinsliche Schuld vor der Fälligkeit, so gewährt er dem Gläubiger die Möglichkeit zinsbarer Anlegung, gleichwohl ist er weder nach gemeinem noch nach neuem Recht (§ 272 BGB) zu einem Abzuge wegen der Zwischenzinsen berechtigt (Interusurium, Diskont, Skonto). Nur wenn im Falle des Konkurses des Schuldners der Gläubiger vor der Zeit Zahlung erhält, wird der Zwischenzins nach der Hoffmannschen Methode abgerechnet (§ 65 KO),[1] weil in der unverkürzten Zahlung eine Unbilligkeit gegen die anderen Gläubiger liegen würde.

Die von den Parteien festgesetzte Leistungszeit kann Nebenbestimmung oder wesentlicher Geschäftsinhalt sein. Wesentlich ist sie nur dann, wenn nach dem Willen der Parteien die Leistung nur in dem festgesetzten Zeitpunkt oder innerhalb der gestellten Frist, später aber nicht mehr erfolgen kann. Solche Geschäfte heißen **Fixgeschäfte.** Sie unterscheiden sich von den einfach betagten dadurch, daß bei letzteren verspätete Leistung Erfüllung, bei ersteren aber eine nachträgliche Erfüllung unmöglich ist (vgl. § 361 BGB).

Hieraus erklärt sich die Bestimmung in § 376 HGB, welche beim Fixgeschäfte zwischen der Nichteinhaltung der Zeit und dem Verzuge, d. i. der schuldhaften Verzögerung der Leistung, unterscheidet und in jenem Fall ein Rücktrittsrecht, in diesem auch noch ein Recht auf Schadensersatz gewährt.

---

[1]) Die Forderung wird nur zu dem Betrage angesetzt, welcher mit Hinzurechnung der gesetzlichen Zinsen des Betrags für die Zeit von der Eröffnung des Verfahrens bis zur Fälligkeit dem vollen Betrage der Forderung gleichkommt. Wird also ein Zinsfuß von 4% zugrunde gelegt, und die Schuld von 1000 Mark zwei Jahre vor der Verfallzeit zurückgezahlt, so setzt man

$$100 + 8 : 100 = 1000 : x$$

$$x = 925\frac{25}{27}.$$

Die Grundsätze über die Zeitberechnung sind im BGB (§§ 186 bis 193) enthalten.

Das HGB fügt (in § 359) nur hinzu, daß, wenn als Leistungszeit das Frühjahr oder der Herbst oder ein in ähnlicher Weise bestimmter Zeitpunkt vereinbart ist, im Zweifel der Handelsgebrauch des Leistungsortes entscheidet, und daß die Fristbezeichnung „acht Tage" nicht eine Woche, sondern volle acht Tage bedeutet.

7. Während beim Vorliegen einer **Gattungsschuld** nach gemeinem Rechte der Schuldner die schlechteste Sache wählen durfte, ist nach neuem Rechte (§ 243 BGB) eine Sache von mittlerer Art und Güte, im Handelsverkehr Handelsgut mittlerer Art und Güte zu leisten (§ 306 HGB).

Im Zweifel gilt in bezug auf Maß, Gewicht, Währung, Zeitrechnung, Entfernungen das als vereinbart, was für den Erfüllungsort maßgebend ist (§ 361).

8. Die Höhe der gesetzlichen **Zinsen** bestimmte sich bisher nach Landesgebrauch, sie ist aber vom neuen Recht auf 4 %, für den Handelsverkehr auf 5 % festgesetzt (§§ 246, 288 BGB, § 352 HGB). War der Schuldner vor Eintritt des Verzuges zu einem höheren Zinssatze verpflichtet, so hat er Verzugszinsen zu diesem höheren Betrage zu zahlen (§ 288 BGB). Nach dem HGB (§§ 353, 354) sind

a) Kaufleute untereinander berechtigt, für ihre Forderungen aus beiderseitigen Handelsgeschäften vom Tage der Fälligkeit Zinsen zu fordern, doch nicht Zinsen von Zinsen, und ist

b) ein jeder, der in Ausübung seines Handelsgewerbes Darlehen gibt, Vorschüsse, Auslagen und andere Verwendungen macht, befugt, vom Tage der Leistung an Zinsen zu berechnen, gleichviel, ob der Schuldner Kaufmann ist oder nicht.

9. Wer in Ausübung seines Handelsgewerbes einem andern **Geschäfte besorgt,** Dienste leistet oder eine Ware aufbewahrt, kann dafür Provision bzw. Lagergeld und für jede Art der Verwendung von Geld (insbesondere Darlehen, Vorschüsse, Auslagen) Zinsen vom Tage der Leistung an verlangen (§ 354 s. oben 8).

10. Durch Gewohnheitsrecht des Handelsstandes haben sich eine Reihe von Geschäfsformen ausgebildet, welche die Tilgung von Geldforderungen durch bloße Rechnungsoperationen bezwecken. Hierher gehört vor allem eine Art des Kompensationsvertrags, nämlich der **Kontokorrentvertrag.**

Er besteht in der Vereinbarung, eine Geschäftsverbindung einzugehen und gegenseitig Kredit zu gewähren in der Weise, „daß die aus der Verbindung entspringenden beiderseitigen Ansprüche und Leistungen nebst Zinsen in Rechnung gestellt und in regelmäßigen Zeitabschnitten durch Verrechnung und Feststellung des für den einen oder anderen Teil sich ergebenden Überschusses ausgeglichen werden" (§ 355 HGB).

Der Kontokorrentvertrag war schon dem römischem Rechte bekannt, nach welchem der Bankier (argentarius) aus dem Kontokorrentverhältnis nur cum compensatione agere, d. h. nur auf den Saldo klagen durfte. Das Institut hat alsdann im Handelsverkehre des Mittelalters seine Entwicklung und im modernen Rechte nur für den Handelsverkehr gesetzliche Regelung erfahren (vgl. Art. 291 HGB a. F.). Auch das neue HGB (§§ 355—357) setzt die Kaufmannseigenschaft wenigstens eines der Kontrahenten voraus. Man wird aber auf ein gleiches Rechtsverhältnis unter Nichtkaufleuten die Grundsätze des HGB analog anwenden dürfen (Abrechnungsverhältnis).

Die Wirkung des Vertrags besteht darin, daß die einzelnen Forderungen und Schulden ihre Eigenschaft als selbständige Vermögensgegenstände verlieren und zu bloßen Rechnungsposten herabsinken. Hieraus folgt, daß keiner der Kontrahenten über die einzelnen Forderungen verfügen, insbesondere sie abtreten, verpfänden, einklagen kann, daß jeder Teil ein seiner freien Verfügung unterliegendes Forderungsrecht vielmehr nur auf den Saldo hat. Der Rechtsgrund der Saldoforderung ist also der Kontokorrentvertrag und die Saldofeststellung. Folglich können auch die Gläubiger eines der Kontrahenten zum Gegenstande der Zwangsvollstreckung nur die Saldoforderung ihres Schuldners machen.

Die Verwandlung der ehemals selbständigen Forderungen in bloße Rechnungsfaktoren tritt selbst bei denjenigen Forderungen ein, die durch Pfand, Bürgschaft oder sonst gesichert sind, oder für die ein Gesamtschuldner haftet. Vor der Saldofeststellung kann der Gläubiger eine solche Forderung ebenso geltend machen, wie jede andere selbständige Forderung. Nach der Saldofeststellnng kann der Gläubiger jenes akzessorische Recht nicht mehr zum Zwecke der Befriedigung der Hauptforderung selbst, wohl aber zum Zwecke der Beitreibung des Saldos geltend machen, insoweit diese und jene Forderung sich decken. Hafteten also für eine Forderung des A auf 1000 Mark der B und der C als Gesamtschuldner und geht diese Forderung in die Rechnung von A und B über, so kann diese Forderung gegen C nicht mehr geltend gemacht werden, und C ist für immer frei, wenn sich ein Guthaben für B herausstellt. Ergibt sich aber für A ein Guthaben von 820 Mark, so haftet für diesen Betrag auch der C.

Stehen mehr als zwei Personen miteinander im Geschäftsverkehr, so reicht die Kompensation allein nicht aus. Um eine solche zu ermöglichen, muß durch Abtretungen, Anweisungen und Schuldübernahmen erst ein einfaches Rechtsverhältnis zwischen nur zwei Personen hergestellt werden. Diese Art der Geschäftsabwicklung heißt Skontration.

Die dabei vorkommenden Abtretungen und Schuldübernahmeerklärungen unterliegen jetzt den Grundsätzen des BGB. Dasselbe gilt auch im allgemeinen von der Anweisung. Doch treten hier einige handelsrechtliche Besonderheiten ein.

Unter einer **kaufmännischen Anweisung** war bisher nach Art. 301 HGB a. F. die von einem Kaufmann über Geld, vertretbare Sachen oder Wertpapiere ausgestellte Anweisung zu verstehen. Nach dem neuen HGB § 363 **ist kaufmännische Anweisung die auf einen Kaufmann ausgestellte Anweisung.** Denn es kommt dem Verkehre weit mehr auf die Person des Angewiesenen, als auf die des Anweisenden an. Was die kaufmännische von der gewöhnlichen Anweisung unterscheidet, ist die Möglichkeit, erstere an Order zu stellen und also indossabel zu machen, vorausgesetzt, daß die Anweisung über Geld, Wertpapiere oder andere vertretbare Sachen lautet, und daß die Leistung nicht von einer Gegenleistung abhängig gemacht ist. Zwar kann auch die zivilrechtliche Anweisung übertragen werden (§ 792 BGB), aber sie ist dem Indossament mit seinen besonderen Wirkungen unzugänglich. Die landesgesetzlichen Vorschriften über kaufmännische Anweisungen sind außer Kraft getreten (Art. 21 EG z. neuen HGB). Nach dem HGB ist die indossierte Anweisung ein Präsentationspapier; betreffs der Form des Indossaments, der Legitimation des Besitzers und der Prüfung der Legitimation kommen die wechselrechtlichen Vorschriften zur Anwendung (Art. 11—13, 36 WO). Dagegen findet kein Sprungregreß statt, der Indossant haftet nur seinem unmittelbaren Nachmanne.

Eine im Bankverkehr übliche Anweisung ist der Scheck (seltener Bankanweisung genannt); er ist eine auf eine Bank oder einen Bankier ausgestellte, daher eine Unterart der kaufmännischen Anweisung im Sinne des neuen HGB und hat den Zweck, die Verfügung über eine bei einem Bankier für den Einleger bereitliegende oder vom Bankier (durch Krediteröffnung zugunsten des Anweisenden) bereitgestellte Summe zu ermöglichen. Der Bankier ist verpflichtet, in Höhe dieser Summe auf ihn gestellte Schecks des Gläubigers zu honorieren, aber nicht verpflichtet, über jene Summe hinaus mit seinem eigenen Vermögen einzutreten. Daher ist es nicht üblich, diese Anweisungen zu akzeptieren, und ein gleichwohl gegebenes Akzept ist nach Absicht der Parteien unverbindlich, denn durch das Akzept entstände eine persönliche Verbindlichkeit des Angewiesenen. An einer reichsgesetzlichen Regelung des Scheckwesens fehlt es, Art. 17 EG z. HGB läßt daher die landesgesetzlichen Vorschriften über Schecks bestehen. Sie benennen als Empfangsberechtigten gewöhnlich den Inhaber oder eine bestimmte Person mit dem Zusatze, daß auch an den Inhaber gezahlt werden könne. Das Akzept eines solchen Inhaberschecks wird durch § 784

BGB ausgeschlossen, und auf einen bestimmten Anweisungsempfänger ausschließlich gestellte Schecks sind ungebräuchlich.

Der Scheck dient ferner nicht ausschließlich der Abhebung, sondern auch der Umschreibung des angewiesenen Betrags auf das Konto eines anderen Girokunden desselben Bankiers (insbesondere der Reichsbank, welche für jene Schecks weiße, für diese rote Formulare hat).

Der auf Umschreibung gerichtete Scheck setzt das Vorhandensein eines Giroverkehrs zwischen der Bank und einer Anzahl von Girokunden voraus. Der Giroverkehr wird begründet durch den Abschluß eines sog. Girokonto-Eröffnungsvertrags zwischen dem Girokunden und der Bank und Einzahlung einer Summe in Geld oder Wertpapieren, des sog. Girodepots. Durch den Vertrag ist die Bank verpflichtet, die Forderungen ihrer Girokunden gegeneinander durch Umschreibung auszugleichen. Die Umschreibung geschieht auf Grund von Schecks der Girokunden, indem der Betrag, auf den der Scheck lautet, von dem Girokonto des Anweisenden ab- und dem Konto des Anweisungsempfängers zugeschrieben wird. Hierdurch werden Unbequemlichkeiten, Gefahren und Kosten der Barzahlung vermieden. Der Giroverkehr erlischt durch Kündigung wie durch Erschöpfung des Depots.

11. Die **Schuldübernahme** unterliegt als Institut des allgemeinen Privatrechts den Grundsätzen des BGB. Nach diesen wird kumulative und privative Schuldübernahme unterschieden.

Die **kumulative** Schuldübernahme führt zu einem Gesamtschuldverhältnis. Sie geschieht häufig durch Übernahme selbstschuldnerischer Bürgschaft, kann aber ohne Bürgschaftsabsicht geschehen (RG 59, 232). In beiden Fällen bedarf es eines Vertrags zwischen dem zweiten Schuldner und dem Gläubiger.

Sie kann aber auch geschehen durch einen Vertrag zwischen dem ersten und dem zweiten Schuldner, wenn diese ein unmittelbares Forderungsrecht des Gläubigers gegen den zweiten Schuldner schaffen wollen (§§ 328, 329).

Das moderne Recht knüpft endlich die Wirkung einer kumulativen Schuldübernahme in Ausführung des deutsch-rechtlichen Gedankens, daß die Schulden an dem Vermögen haften, das ursprünglich der Befriedigung der Gläubiger dienen sollte, an gewisse Verträge, durch welche der eine Teil das Vermögen des andern übernimmt, ohne dabei die Übernahme der Schulden besonders zum Ausdruck zu bringen. Die Folge tritt nämlich ein,

a) wenn jemand schlechthin das Vermögen eines andern durch Vertrag übernimmt (§ 419); er haftet den Gläubigern selbst dann, wenn im Vertrage diese Haftung beschränkt oder ausgeschlossen wird;

b) wenn jemand unter Lebenden das Handelsgeschäft eines andern übernimmt und unter der bisherigen Firma fortführt (§ 25 HGB).

In jenem Falle wird der Übernehmer aus allen, in diesem aus den im Betriebe des Handelsgeschäfts begründeten Verbindlichkeiten des Veräußerers haftbar. Ein Übergang der Schulden findet zwar auch dann statt, wenn der Erwerber eines Handelsgeschäfts die bisherige Firma nicht fortführt, doch ist der Übergang hier nicht an die Tatsache der Fortführung des Geschäfts, sondern an einen die Schuldübernahme bewirkenden Verpflichtungsgrund gebunden, und als solcher (nicht als einziger) gilt, bisheriger Auffassung entsprechend, die in handelsüblicher Weise geschehende Bekanntmachung der Schulden- (nicht der bloßen Geschäfts-) Übernahme durch den Erwerber.

Die Haftung ist bei Übernahme eines ganzen Vermögens eine auf dessen Bestand beschränkte, bei Fortführung einer Firma eine unbeschränkte.

Der Veräußerer bleibt verpflichtet. Bei Übernahme eines Handelsgeschäfts tritt aber zugunsten des Veräußerers, sofern nicht nach den allgemeinen Vorschriften eine kürzere Verjährungsfrist besteht, eine Verjährung von fünf Jahren ein (§ 26 HGB).

Wer in eine bestehende offene Handelsgesellschaft oder Kommanditgesellschaft eintritt, übernimmt die vor seinem Eintritte begründeten Verbindlichkeiten der Gesellschaft, aber auch derjenige, der in das Geschäft eines Einzelkaufmanns als persönlich haftender Gesellschafter oder als Kommanditist eintritt, übernimmt die im Betriebe des Geschäfts bisher entstandenen Schulden.

12. a) **Handelsrechtliche Erbenhaftung.** Handelsschulden des Erblassers sind Nachlaßverbindlichkeiten und unterliegen also den allgemeinen Erbenhaftungs-Grundsätzen. Führt aber der Erbe das vom Erblasser betriebene Handelsgeschäft unter der bisherigen Firma fort, so haftet er für die bestehenden Handelsschulden persönlich und unbeschränkt, gleichviel in welcher Weise er für die andern Nachlaßverbindlichkeiten haftet. Gibt der Erbe innerhalb der ihm vom Gesetze gewährten Dreimonatsfrist den Geschäftsbetrieb wieder auf, oder setzt er ihn unter anderer Firma fort, so tritt die mit der **Firmenfortführung** verknüpfte unbeschränkte Haftung nicht ein (§ 27 HGB), vielmehr haftet der Erbe in diesem Falle für die Geschäftsschulden des Erblassers in gleicher Weise wie für die andern Nachlaßverbindlichkeiten.

b) Der Erbe eines Mitgliedes einer **offenen Handelsgesellschaft**, die sich dem Gesellschaftsvertrage gemäß auf die Erben der Genossen erstreckt, kann innerhalb dreier Monate seit Kenntnis des Erbfalls verlangen, daß er als Kommanditist in die Gesellschaft eintrete, und, falls die andern Gesellschafter hiermit nicht einverstanden sind, fristlos kündigen (§ 139 HGB). Er ist also nicht genötigt, die

Erbschaft entweder auszuschlagen oder die persönliche Haftung für die Gesellschaftsschulden zu übernehmen. Haftet er aber für die Nachlaßverbindlichkeiten überhaupt unbeschränkt, so nützt ihm auch die Kommanditistenstellung oder das Ausscheiden aus der Gesellschaft nichts, denn dann haftet er auch für die Gesellschaftsschulden unbeschränkt.

§ 25. Sachenrechtliche Grundsätze.

A. Der Übergang des Eigentums.

Hierfür sind jetzt die Bestimmungen des BGB maßgebend, welche bei Veräußerung beweglicher Sachen Übergabe mit dem Willen der Eigentumsübertragung verlangen (§§ 929 ff.).

Die Besitzübergabe vollzieht sich nach den für diese maßgebenden Grundsätzen. Wo also zum Besitzübergange die Willenserklärung der Beteiligten ausreicht, da geschieht auch der Eigentumsübergang ohne wirkliche Übergabe. Nach § 474 HGB kann bei Veräußerung eines Seeschiffes oder einer Schiffspart die Übergabe durch die Vereinbarung der Kontrahenten ersetzt werden, daß das Eigentum sofort auf den Erwerber übergehen solle. Danach ist die Veräußerung eines auf der Fahrt befindlichen Schiffes möglich.

Das BGB hat jedoch die Übereignung im Gegensatze zum gemeinen, doch in Anlehnung an deutsches Recht, insbesondere an die Art. 306, 307 des alten HGB und an Art. 36, 74 WO zu einer originären Erwerbsart gestaltet. Denn es verlangt nicht, daß der Veräußerer Eigentümer war, sondern nur, daß der Erwerber ihn dafür gehalten hat, also guten Glauben.

Wer Eigentum auf Grund eines Veräußerungsgeschäftes erworben zu haben behauptet, braucht nur die erfolgte Übergabe und das Vorhandensein des Übereignungswillens zu beweisen. Sache des Gegenbeweises ist es, darzutun, daß der Erwerber zur Zeit des Erwerbes sich nicht in gutem Glauben befunden habe, daß ihm also bekannt oder nur infolge grober Fahrlässigkeit unbekannt gewesen sei, daß die Sache nicht dem Veräußerer gehörte (§ 932). Das Vorhandensein des Übereignungswillens wird durch die Darlegung des der Tradition zugrunde liegenden, auf Eigentumsgewährung gerichteten Rechtsgeschäfts bewiesen.

Eine Ausnahme von diesen Grundsätzen findet nur beim Erwerb solcher Sachen statt, deren Besitz der Eigentümer ohne seinen Willen verloren hat (§ 935). Jedoch ohne Rücksicht darauf, ob der bisherige Eigentümer den Besitz freiwillig oder unfreiwillig verloren hatte, gehen in das Eigentum des redlichen Erwerbers mit der Übergabe über, insbesondere

Geld und Inhaberpapiere (also nicht die in §§ 807, 808 BGB bezeichneten Urkunden). Wird aber ein gestohlenes, verloren gegangenes oder sonst abhanden gekommenes Inhaberpapier an einen Kaufmann, der Bankier- oder Geldwechslergeschäfte betreibt, veräußert, so gilt dessen guter Glaube als ausgeschlossen, wenn zur Zeit der Veräußerung der Verlust im Deutschen Reichsanzeiger bekannt gemacht und seit dem Ende des Jahres, in dem die Veröffentlichung erfolgt ist, nicht mehr als ein Jahr verstrichen war. Der Bankier kann diese Vermutung durch den Nachweis besonderer Umstände entkräften (§ 367 HGB).

Das neue HGB hat mit Rücksicht darauf, daß zuweilen Waren durch Kommissionäre veräußert werden, die zur Veräußerung nicht befugt sind, den Schutz des redlichen Erwerbers gegenüber dem BGB noch ausgedehnt. Nach dem BGB (§ 932 Abs. 2) erlangt der Erwerber nämlich nur dann Eigentum, wenn er den Veräußerer für den Eigentümer hält, nach dem HGB (§ 365) aber auch dann, wenn er zwar weiß, daß der Veräußerer nicht Eigentümer ist, ihn aber für berechtigt hält, über die Sache zu verfügen. Diese Vorschrift des HGB kommt nur zur Anwendung, wenn die Sache von einem Kaufmann im Betriebe seines Handelsgewerbes veräußert wird, die des BGB in allen andern Fällen der Veräußerung.

B. Pfandrecht und Zurückbehaltungsrecht.

1. Nur in einzelnen Punkten gilt für das **kaufmännische Pfandrecht** Abweichendes.

Nach neuem Rechte gilt (§ 1207 BGB, §§ 366, 367 HGB) für den **Erwerb des Pfandrechts** dasselbe, was bei der Übergabe zu Eigentum Rechtens ist. Danach erwirbt der gutgläubige Pfandnehmer auch vom Nichteigentümer ein gültiges Pfandrecht. Gestohlene, verlorene oder sonst abhanden gekommene Sachen sind dagegen von diesem originären Pfanderwerb ausgeschlossen, es handle sich denn um Geld- oder Inhaberpapiere (§§ 932, 934, 935 BGB), und im Handelsverkehre gilt als guter Glaube auch der Irrtum über die mangelnde Verfügungsbefugnis des Nichteigentümers.

2. Die vom Pfandgläubiger vor dem Verkauf des Pfandes einzuhaltende **Wartefrist** beträgt nach BGB einen Monat (§ 1234), und ist die Verpfändung auf seiten des Pfandgläubigers und des Verpfänders ein Handelsgeschäft, sogar nur eine Woche (§ 368 HGB).

Dasselbe gilt für das gesetzliche Pfandrecht des Kommissionärs, des Spediteurs, des Lagerhalters und des Frachtführers. Aber während die kurze Frist zugunsten des Kommissionärs und des Lagerhalters nur dann zur Anwendung kommt, wenn auch der Schuldner Kaufmann ist, gilt sie zugunsten des Spediteurs und des Frachtführers auch dann, wenn nur auf ihrer Seite der Speditions- oder Frachtvertrag ein Handelsgeschäft ist (§ 368 HGB).

3. An **Seeschiffen** sowie an Binnenschiffen haben die Schiffsgläubiger ein **gesetzliches Pfandrecht** (§§ 754ff. HGB, §§ 102ff. Ges. betr. die privatr. Verhältnisse der Binnenschiffahrt vom 15. Juni 1895). Wer Schiffsgläubiger ist, wird von beiden Gesetzen ausdrücklich bestimmt; bei einer Mehrheit besteht unter ihnen eine bestimmte Rangordnung.

Dieses Pfandrecht weicht in mehreren Beziehungen vom gesetzlichen Pfandrecht an anderen Sachen ab. Insbesondere hat der Grundsatz der Erkennbarkeit, der für die gesetzlichen Pfandrechte an anderen Sachen möglichst gewahrt ist, für dieses Pfandrecht fallen gelassen werden müssen, es ist vom Besitz unabhängig und kann daher der gesetzlichen Hypothek des gemeinen Rechts verglichen werden. Der Erwerber des Schiffes ist aber in der Lage, sich vor der Geltendmachung ihm unbekannter Pfandrechte dadurch zu schützen, daß er im Wege des Aufgebotsverfahrens die Ausschließung unbekannter Schiffsgläubiger herbeiführt. Ferner geschieht die Befriedigung der Schiffsgläubiger nicht im Wege des Privatverkaufs, sondern der Zwangsvollstreckung. Die Zwangsvollstreckung in die im Schiffsregister eingetragenen Schiffe ist die Immobiliarzwangsvollstreckung (§ 864 ZPO, §§ 162ff. Zwangsversteigerungs-Ges.), andere Schiffe unterliegen der Zwangsvollstreckung ins bewegliche Vermögen. Es bedarf also in jedem Fall eines gegen den Schiffsschuldner gerichteten vollstreckbaren Schuldtitels. Das Pfandrecht erlischt nicht nur durch die Zwangsversteigerung, sondern auch durch den vom Schiffer auf Grund seiner gesetzlichen Befugnisse im Falle zwingender Notwendigkeit bewirkten Verkauf des Schiffes, in diesem Falle tritt an Stelle des Schiffes für die Schiffsgläubiger das Kaufgeld.

Das Pfandrecht ergreift das Schiff nebst Zubehör sowie die Bruttofracht derjenigen Reise, aus welcher die versicherte Forderung entstanden ist. Es genießt den Vorzug vor allen andern am Pfandgegenstande bestehenden Pfandrechten.

Ein gesetzliches Pfandrecht am Floße gewährt ferner das Gesetz betr. die privatrechtlichen Verhältnisse der Flößerei vom 15. Juni 1895 in gewissen Fällen.

4. Das **vertragsmäßige Pfandrecht** an einem im Schiffsregister eingetragenen Schiffe ist eine Hypothek im Sinne des modernen Rechts und unterliegt auch nach dem BGB (§§ 1259ff.) im wesentlichen den Grundsätzen des Hypothekenrechts. Es kann nur durch die auf Grund dinglichen Vertrags erfolgende Eintragung im Schiffsregister entstehen und nur durch Löschung enden. Allein das Schiffsregister genießt nicht den öffentlichen Glauben, der dem Grundbuche beiwohnt, und das Schiffs-

pfandrecht ist ein streng akzessorisches Recht. Der Pfandgläubiger gelangt nicht in den Besitz des Schiffs, der Eigentümer bleibt also in der Lage, das Schiff zum Erwerbe durch die Schiffahrt zu verwenden. Die Befriedigung des Gläubigers kann nur im Wege der Zwangsvollstreckung (§§ 162 ff. ZwangsversteigerungsGes.) geschehen und setzt demnach einen vollstreckbaren Schuldtitel voraus.

Das Schiffspfandrecht gleicht der Sicherungshypothek des BGB, ist also wie diese ein abhängiges Recht. Es kann auch als sog. Höchstbetragshypothek eingetragen werden.

Ein Schiffspfandrecht kann auch an einer Schiffspart bestehen.

5. Die herrschende Lehre des gemeinen Rechtes machte die „Konnexität" der beiden Leistungen zur Voraussetzung des **Zurückbehaltungsrechts** und verstand darunter eine natürliche oder gewollte Einheit. Das BGB (§ 273) stimmt damit überein, indem es erklärt, Anspruch und Gegenanspruch müßten „aus demselben rechtlichen Verhältnisse" entstanden sein. Das sog. kaufmännische Zurückbehaltungsrecht aber ist von einer solchen Einheit unabhängig, es besteht (§ 369 HGB) auch dann, wenn Anspruch und Gegenanspruch nur überhaupt aus beiderseitigen Handelsgeschäften entstanden sind, auch wenn aus diesen Geschäften verschiedene rechtliche Verhältnisse begründet worden sind.

Das BGB. gewährt ein Zurückbehaltungsrecht

a) in jedem Falle des Vorhandenseins gegenseitiger, aus demselben rechtlichen Verhältnis entstandener Ansprüche,

b) gegenüber dem auf Herausgabe eines Gegenstandes gerichteten Anspruche wegen eines Anspruchs auf Erstattung von Verwendungen oder eines durch den Gegenstand verursachten Schadens.

Ob im Falle zu b der herauszugebende Gegenstand dem Gläubiger oder dem Retentionsberechtigten gehört, macht nach BGB keinen Unterschied. Das eigentümliche **kaufmännische** Zurückbehaltungsrecht setzt allerdings voraus, daß die den Gegenstand des Rechts bildenden Sachen oder Wertpapiere dem Schuldner des Retentionsberechtigten gehören, und es läßt das Zurückbehaltuugsrecht ausnahmsweise an solchen, dem Retentionsberechtigten selbst gehörigen Sachen zu, die dieser vom Gegner erworben hatte und auf ihn zurückzuübertragen hat, also z. B. an Sachen, die er gekauft und übergeben erhalten, nachher aber wegen Mängeln zur Verfügung gestellt hat und jetzt wegen der auf sie gemachten Verwendungen oder wegen seines Anspruchs auf Erstattung des Preises zurückbehält.

Das BGB setzt im Falle b nur voraus, daß der Retentionsberechtigte sich im Besitze befindet, das **HGB** aber verlangt, daß der Gegenstand mit dem Willen des andern und auf Grund eines Handelsgeschäfts in den Besitz des Retentionsberechtigten gelangt ist.

Das BGB schließt das Zurückbehaltungsrecht aus, wenn der Besitzer den Gegenstand durch eine vorsätzliche unerlaubte Handlung erlangt hat, das **HGB** schon dann, wenn die Zurückbehaltung einer bei der Übergabe vom andern Teile gegebenen Anweisung oder der vom Besitzer übernommenen Verpflichtung, mit dem Gegenstande in einer bestimmten Weise zu verfahren, widersprechen würde (§ 273 BGB, § 369 HGB).

Nach altem und neuem Rechte (§ 273 BGB, § 369 HGB) kann das Zurückbehaltungsrecht nur wegen fälliger Ansprüche geltend gemacht werden, das **kaufmännische** Zurückbehaltungsrecht besteht aber auch wegen nichtfälliger Forderungen, wenn über das Vermögen des Schuldners der Konkurs eröffnet ist oder der Schuldner seine Zahlungen eingestellt hat, oder wenn eine Zwangsvollstreckung in sein Vermögen ohne Erfolg versucht worden ist (§ 370 HGB).

Das Zurückbehaltungsrecht gibt an sich nur das Recht, die Leistung einstweilen zu verweigern, es besteht also im Gegensatze zum Pfandrechte nur in der Befugnis, einem Schuldner eine Sache, auf die er ein Recht hat, vorzuenthalten.

Dagegen ist das kaufmännische Zurückbehaltungsrecht (§§ 369 bis 372 HGB) zu einem dem Pfandrechte gleichen Rechte gesteigert, denn es gewährt dem Gläubiger die Befugnis, sich aus der zurückbehaltenen Sache wegen seiner Forderung zu befriedigen. Diese Befriedigung erfolgt nach den Grundsätzen vom Pfandverkauf, d. h. regelmäßig im Wege des privaten Verkaufes, aber nur auf Grund eines vollstreckbaren Schuldtitels. Denn da das Zurückbehaltungsrecht unabhängig vom Willen des Schuldners entsteht, muß diesem die Möglichkeit gegeben werden, Forderung und Befriedigungsrecht zu bestreiten. Die Befriedigung geschieht daher

a) entweder im Wege der Zangsvollstreckung, also nur nachdem der Gläubiger einen vollstreckbaren Titel wegen seiner Forderung erlangt hat, oder

b) auf Grund eines das Befriedigungsrecht feststellenden, mithin auf Duldung des Verkaufs (oder Einziehung § 1282 BGB) gerichteten vollstreckbaren Schuldtitels.

Das kaufmännische Zurückbehaltungsrecht gibt gleich einem Pfandrecht im Konkurse des Schuldners ein Recht auf abgesonderte Befriedigung (§ 49 Nr. 4 KO). Aber es ist kein Pfandrecht. Daher wirkt es gegen Dritte nur dann, wenn dem Dritten die Einwendungen entgegengesetzt werden können, die auch dem Anspruche des Schuldners auf Herausgabe der Sache entgegenstanden, also nur, wenn der Dritte durch Abtretung dieses Herausgabeanspruchs erworben hat (§ 986 Abs. 2 BGB).

Zweiter Abschnitt: **Die einzelnen Handelsgeschäfte.**

§ 26. **Der Handelskauf.**

Das HGB gibt nur einzelne besondere Vorschriften über den Handelskauf. Wo solche fehlen, kommen die Bestimmungen des BGB zur Anwendung.

Dies gilt

1. von der **Gewährleistung.**

Das BGB gibt

A. allgemeine Vorschriften über die Gewährleistung überhaupt und schließt sich darin an das gemeine Recht an (§§ 459—480). Diese Vorschriften kommen auch dann zur Anwendung, wenn der Kauf Handelsgeschäft ist, und nur für den Fall, daß der Kauf für beide Teile Handelsgeschäft ist, hat das BGB in §§ 377, 378 einige besondere Bestimmungen;

B. besondere Vorschriften über die Gewährleistung für Viehmängel (§§ 481—492), die auch dann zur Anwendung kommen, wenn der Kauf ein Handelsgeschäft ist (§ 382 HGB).

Nach gemeinem und neuem Recht (§ 459) haftet der Verkäufer für die zugesicherten Eigenschaften der Sache (**dicta promissa**) und für ihre Fehler, auch wenn der Mangel verborgen und dem Verkäufer selbst unbekannt war. Die Haftung für die zugesicherten Eigenschaften ist eine unbedingte, mag das Fehlen der Eigenschaft die Brauchbarkeit oder den Wert der Sache beeinträchtigen oder nicht. Die Haftung für Fehler aber ist davon abhängig, daß der Fehler die Tauglichkeit der Sache zu dem gewöhnlichen oder dem nach dem Vertrage vorausgesetzten Gebrauch oder ihren Wert aufhebt oder mindert (§ 459). Nach altem und neuem Recht aber kommen unerhebliche Minderungen des Werts oder der Tauglichkeit nicht in Betracht (**minima non curat praetor**).

Auch darin stimmen altes und neues Recht überein, daß die Haftung des Verkäufers ausgeschlossen ist, nicht nur, wenn der Käufer den Mangel kannte, sondern auch, wenn er ihn nur bei grober Fahrlässigkeit übersehen konnte (**vitia — quae ignoravit vel ignorare potuit. l. 14 § 10 D. 21, 1.** § 460 BGB). Für diese letzteren, leicht erkennbaren Mängel haftet der Verkäufer jedoch dann, wenn er die Abwesenheit des Fehlers zugesichert, oder wenn er den Fehler arglistig verschwiegen hat (§ 460). Kennt der Käufer den Mangel bei der Annahme, so liegt in dieser ein Verzicht auf seine Rechte, es sei denn, daß er sie sich vorbehält (§ 464). In einer Veräußerung der beanstandeten Ware liegt regelmäßig, aber nicht immer, die Annahme und also ein Verzicht.

Dieselben Grundsätze gelten im Handelsrecht. Das HGB (§ 377) ist nur bei denjenigen Kaufverträgen, die für beide Teile Handelsgeschäfte sind (RG 49, 159), insofern gegen den Käufer strenger als das BGB, als es ihm die Pflicht auferlegt, die Ware unverzüglich nach der Ablieferung zu untersuchen und von einem entdeckten Mangel dem Verkäufer unverzüglich Anzeige zu machen **(Mängelrüge)**, und indem es an die Versäumung der Anzeigepflicht die der Widerlegung entzogene Vermutung knüpft, daß die Ware genehmigt sei. Diese Rechtsfolge tritt daher auch bei mangelnder Kenntnis des Käufers von dem Mangel ein.[1]) Die Mängelrüge enthält nämlich die Erklärung, daß mit der Ware so, wie sie beschaffen, der Kaufvertrag nicht erfüllt sei; nichts weiter ist die Erklärung, daß die Ware dem Verkäufer zur Verfügung gestellt werde. Die Sicherheit des Handelsverkehrs erheischt diese strenge Behandlung, denn es soll sobald als möglich feststehen, ob das Geschäft mit der Lieferung erfüllt ist. Die Anzeigepflicht entsteht mit dem späteren Hervortreten eines Mangels von neuem. Sie ist aber erfüllt, wenn die Anzeige noch rechtzeitig abgesendet wird. Diese Grundsätze kommen nach dem neuen HGB zur Anwendung, sowohl wenn die Ware versendet (Distanzkauf), als auch wenn sie nicht versendet wird (Platzkauf), endlich auch dann, wenn eine andere als die bedungene Ware oder eine andere als die bedungene Menge von Waren geliefert ist. Die Abweichung darf aber nicht eine so starke sein, daß der Verkäufer die Genehmigung des Käufers als ausgeschlossen betrachten mußte (§ 378 HGB).

2. Zu den dem Käufer nach bürgerlichem Recht obliegenden Verpflichtungen, die Ware abzunehmen (§ 433 BGB) und den Kaufpreis zu bezahlen (§§ 433, 452 BGB), tritt nach **Handelsrecht** die weitere Verpflichtung hinzu, die dem Käufer auf Grund eines **zweiseitigen Handelsgeschäftes** von einem anderen Orte übersendete und von ihm beanstandete Ware einstweilen **aufzubewahren** und, wenn Gefahr im Verzuge oder die Ware dem Verderb ausgesetzt ist, verkaufen zu lassen (§§ 373, 379 HGB, 383 BGB).

3. Ist ein Vertragsteil mit der Erfüllung seiner Verpflichtungen im **Verzuge**, so kommen nach altem und neuem Rechte die allgemeinen Grundsätze des BGB auch bei Handelskäufen zur Anwendung.

Die Bestimmungen des BGB (§§ 326, 286) stimmen denn auch im wesentlichen mit den in Art. 354—356 des alten HGB für den Handelskauf maßgebend gewesenen Grundsätzen überein. Das neue

---

[1]) Über das Verhältnis von § 464 BGB und § 377 HGB auch RG 64, 236.

HGB gibt aber für Handelskäufe, also für Kaufverträge, welche jedenfalls für einen Kontrahenten Handelsgeschäfte sind (§§ 343—345 HGB), einige besondere Bestimmungen.

1. Ist der Kauf ein **Fixgeschäft,** sei es, daß die Lieferung oder die Abnahme oder die Zahlung zeitlich fest bestimmt ist, so hängt das Rücktrittsrecht des Nichtsäumigen nicht von einem Verzuge des andern Teils, sondern nur von der Tatsache ab, daß die Leistung nicht rechtzeitig erfolgt. Nur der Schadensersatzanspruch ist durch den Verzug des andern Teils bedingt. Der Anspruch auf Erfüllung geht verloren, wenn nicht dem Säumigen sofort nach Eintritt der Leistungszeit vom andern Teil erklärt wird, daß er auf der Erfüllung bestehe. Denn der säumige Teil kann gerade diese Entschließung nicht erwarten. Der Nichtsäumige kann entweder a) Ersatz des ihm tatsächlich entstandenen Schadens verlangen und diesen durch jedes ihm zu Gebote stehende Mittel beweisen (konkrete Schadensberechnung), er kann zu diesem Zwecke das Ergebnis eines von ihm wirklich vorgenommenen Deckungskaufs oder Deckungsverkaufs, d. h. eines Kaufs, den er zum Zwecke der anderweitigen Deckung seines Bedürfnisses oder zum Zwecke der Fortschaffung der Ware schließen mußte, heranziehen, wenn das Deckungsgeschäft sofort nach dem Ablaufe der Leistungszeit vorgenommen ist und die Ware einen Börsen- oder Marktpreis hat; oder er kann b) seinen Schaden so berechnen, als ob er ein Deckungsgeschäft vorgenommen hätte, das er in Wahrheit aber nicht geschlossen hat, d. h. den Unterschied zwischen dem Kaufpreis und dem Markt- oder Börsenpreise zur Zeit und am Orte der geschuldeten Leistung, d. h. demjenigen Ort, an dem der Leistungsgegenstand verwertet werden sollte, fordern (abstrakte Schadensberechnung).

An die rechtliche Natur der Fixgeschäfte lehnt sich eine (übrigens auch für die nichthandelsrechtlichen Fixgeschäfte geltende) Bestimmung des Konkursrechts an. Während nämlich dann, wenn der eine Vertragsteil eines gegenseitigen, von beiden Teilen noch nicht oder noch nicht vollständig erfüllten Vertrags in Konkurs gerät, dem Konkursverwalter wahlweise die Befugnis zusteht, bei dem Vertrage stehen zu bleiben und Erfüllung zu verlangen oder von dem Vertrage zurückzutreten (§ 17 KO), ist ihm dieses Wahlrecht bei einem Fixgeschäfte genommen, vorausgesetzt, daß es zur Lieferung von Waren verpflichtet, die einen Markt- oder Börsenpreis haben, und daß der Stichtag oder der Fristablauf erst nach Eröffnung des Konkurses eintritt (§ 18 KO). Hier kann nicht Erfüllung, sondern nur eine Forderung wegen Nichterfüllung geltend gemacht werden. Der Anspruch auf Erfüllung verwandelt sich infolge der Konkurseröffnung ohne weiteres in den Anspruch auf Zahlung des Unterschiedes, welcher besteht zwischen dem Kaufpreise und demjenigen Markt- oder Börsenpreise, welchen die Ware haben würde, wenn am zweiten Werktage nach der Konkurseröffnung ein gleiches Lieferungsgeschäft mit derselben Erfüllungszeit geschlossen worden wäre. Das Gesetz geht von dem Gedanken aus, daß, da jetzt nicht mehr erfüllt werden kann, ein Deckungsgeschäft vorgenommen werden muß, welches dieselbe Ware zum Gegenstande und dieselbe Erfüllungszeit als Vertragsbedingnis haben müßte. Deshalb kann es kommen, daß entweder dem andern Vertragsteile gegen den Gemeinschuldner oder diesem ein Anspruch gegen den andern Kontrahenten zusteht.[1])

2. Ist der Käufer mit der Annahme, d. h. der Besitzergreifung der Ware im Verzuge, so richtet sich das Rücktritts- und Schadensersatzrecht des Verkäufers nach den Vorschriften des BGB (§ 374 HGB, § 326 BGB), das HGB (§ 373) aber gibt dem Verkäufer außerdem ein Hinterlegungs- und ein Verkaufsrecht und damit ein Mittel, sich der Obhut und des Besitzes der bereitgestellten Ware zu entschlagen. Der Verkauf **(Selbsthilfeverkauf)** geschieht zwar im Namen des Verkäufers, aber für Rechnung des Käufers, denn er hat den Zweck, den Preis festzustellen, zu dem die Ware verkäuflich war. Die Folge ist, daß der Verkäufer nicht mehr zur Lieferung der Ware, sondern zur Leistung der Summe verpflichtet ist, die sich als Verkaufserlös ergibt, und die sich um den Betrag der Kosten des Selbsthilfeverkaufs und um den durch den Verzug dem Verkäufer sonst zugefügten Schaden vermindert, daß der Käufer aber den Verkauf nicht anzuerkennen braucht, wenn dieser unter Verletzung derjenigen Maßregeln vorgenommen ist, die der Wahrung der Rechte des Käufers dienen sollen (Androhung und öffentlicher oder durch einen Handelsmakler bewirkter Verkauf). — Käufer und Verkäufer können bei der Versteigerung mitbieten (§ 373 HGB, § 457 BGB).

3. Von den besonderen Arten des Kaufs kommt für das Handelsrecht besonders in Betracht der **Spezifikationskauf** (ein Erzeugnis modernen Verkehrsbrauches). Er ist derjenige über eine bewegliche Sache geschlossene Kauf, bei welchem dem Käufer die nähere Bestimmung über Form, Maß oder ähnliche Verhältnisse der verkauften Ware vorbehalten ist (z. B. Kauf von Stabeisen nach den vom Käufer angegebenen Maßen). Die Bestimmung

---

[1]) Beispiel: A kauft von B am 2. April 1907 Aktien im Nennwert von 100.00 Mark zu 110 per ultimo Mai, am 1. Mai wird über B der Konkurs eröffnet. A kann von B die Papiere nicht verlangen; er kauft am 3. Mai dieselben Papiere anderweit per ultimo Mai, und zwar zu 120, er muß also 100×10 mehr aufwenden, um die Papiere zu erlangen, er ist also Konkursgläubiger in Höhe von 1000 Mark. Ständen die Papiere am 3. Mai al pari, so hätte er 1000 Mark an die Masse zu zahlen.

ist ein Recht, aber auch eine Pflicht des Käufers. Daher gerät nach § 375 des neuen HGB, der dieses Geschäft zum ersten Male einer gesetzlichen Norm unterwirft, der Käufer in Verzug, wenn er in der Erfüllung jener Pflicht säumig ist. Die Folge ist, daß der Verkäufer die Spezifikation vornehmen oder die ihm nach dem BGB zustehenden Rechte geltend machen, d. h. Schadensersatz wegen Nichterfüllung fordern oder vom Vertrage zurücktreten kann (§ 326 BGB). Von der durch ihn vorgenommenen Spezifikation hat der Verkäufer den Käufer zu benachrichtigen und ihm zugleich eine Frist zur Vornahme einer anderweitigen Bestimmung zu setzen. Gibt der Käufer nicht innerhalb der Frist eine andere Bestimmung auf, so ist die Bestimmung des Verkäufers maßgebend. Der Käufer muß also die nach dieser Bestimmung hergestellte Ware annehmen (§§ 375, 373). Die Anwendung dieser im HGB enthaltenen Grundsätze auf Nicht-Handelsgeschäfte ist natürlich nicht ausgeschlossen.

§ 27. Das Abzahlungsgeschäft.[1])

Unter Abzahlungsgeschäften versteht man Verträge, welche die Übertragung des Eigentums einer beweglichen Sache gegen Entgelt bezwecken, bei denen aber dem Erwerber gestattet ist, das Entgelt in Teilzahlungen zu leisten, und dem Veräußerer bei nicht pünktlicher Erfüllung der dem Erwerber obliegenden Verpflichtungen das Rücktrittsrecht zusteht. Sie unterliegen dem Reichsgesetze vom 16. Mai 1894. Der Vertrag stellt sich äußerlich als Kauf- oder als Mietvertrag dar. Als Kaufvertrag ist er entweder unbedingt, aber mit Vorbehalt des Rücktrittsrechts oder unter der aufschiebenden Bedingung geschlossen, daß der Käufer alle Teilzahlungen pünktlich entrichte. Ist das Geschäft als Mietvertrag geschlossen, so ist die Sache dem Erwerber zunächst nur zum Gebrauch überlassen, während der Eigentumsübergang an die Bedingung vollständiger Tilgung des von vornherein in einer festen Summe bedungenen Preises geknüpft ist. Auch in diesem Fall aber ist ein aufschiebend-bedingter Kaufvertrag geschlossen.

Den Abzahlungsgeschäften war bis zu jenem Gesetze die Verwirkungsklausel eigentümlich, und zwar in der Form, daß beim Rücktritt des Verkäufers alle bisher geleisteten Teilzahlungen verfallen sein sollten. Das Gesetz erklärt eine solche Abrede für nichtig und verlangt, daß bei Ausübung des Rücktrittsrechts alle bisher gemachten Leistungen zurückgewährt, und daß nur Beschädigungen, Aufwendungen und Abnutzungen vergütet werden sollen. Die Rückgewähr der Leistungen hat Zug um Zug zu geschehen, es steht also jedem Teile

[1]) Lazarus: Das Recht des Abzahlungsgeschäfts. 1898.

bis zum Realangebote der Gegenleistung das Zurückbehaltungsrecht zu (§§ 273, 274, 320 BGB). Eine dem Käufer auferlegte, unverhältnismäßig hohe Vertragsstrafe kann nach dem Gesetze von 1894 wie nach § 343 BGB auf den angemessenen Betrag herabgesetzt werden.

Eine fernere Besonderheit dieser Geschäfte bestand darin, daß Nichteinhaltung eines Teilleistungstermins die Fälligkeit der ganzen Restschuld herbeiführte. Nach dem Gesetze von 1894 tritt jene Folge nur dann ein, wenn zwei aufeinanderfolgende Raten ganz oder teilweise ausbleiben, und wenn der Teil der Schuld, mit dem sich der Käufer im Verzuge befindet, wenigstens dem zehnten Teile des ganzen Kaufpreises gleichkommt. Entgegenstehende Abreden sind nach diesem Gesetz und nach § 134 BGB nichtig.

Die besonderen Bestimmungen des Gesetzes von 1894 kommen nicht zur Anwendung, wenn der Erwerber als Kaufmann im Handelsregister eingetragen ist.

§ 28. **Börsengeschäfte.**

Börse ist an sich nur der Ort, wo zu bestimmten Zeiten die Geschäftsleute bestimmter Handelszweige zum Zwecke des Abschlusses von Geschäften zusammenkommen. Diesem Zusammenkommen liegt aber eine Vereinbarung der Geschäftsleute zugrunde, eine Vereinigung, die nicht nur allgemeine Normen für die an jenem Orte abzuschließenden Geschäfte aufstellt, sondern auch die zur Durchführung der Normen erforderlichen äußeren Einrichtungen herstellt. Die Vereinigungen sind in manchen Ländern rein private (z. B. England und Amerika), in anderen Ländern (z. B. in Deutschland) stehen sie unter staatlicher Aufsicht.

Die Börsen sind Märkte für bestimmte Warengattungen, unterscheiden sich aber von den Märkten im engeren Sinne dadurch, daß an ihnen nur Geschäfte über Gattungen von Waren, auf den Märkten dagegen Geschäfte über vorliegende, also individuell bestimmte Waren geschlossen werden. Auch das deutsche Börsengesetz vom 22. Juni 1896 stellt die Börsen unter Staatsaufsicht und unterwirft sie einer Reihe von gesetzlichen Vorschriften. Es werden an der Börse nicht Geschäfte über beliebige, sondern nur über solche Warengattungen geschlossen, die von den Börsenorganen als Gegenstände des Börsenverkehrs besonders zugelassen sind. Es sind dies Waren, die besonders starken Preisschwankungen ausgesetzt sind, insbesondere also Wertpapiere („Effekten", daher Effekten- oder Fondsbörse) und Rohprodukte (Produktenbörse). Denn nur für den Geschäftsverkehr mit diesen Waren besteht ein wirtschaftliches Bedürfnis an der Feststellung und Bekanntmachung der Preise. Die Feststellung erfolgt durch die amtlich bestellten und vereideten Kursmakler im Wege der Vergleichung der an sie zum Zwecke der Geschäftsvermittelung gerichteten Kaufs- und Verkaufsangebote. Die so sich aus Angebot und Nachfrage ergebenden Preise werden von den Börsenorganen amtlich bekannt gemacht (Kurszettel) und ergeben die Auffassung, die der Handel von dem jeweiligen Werte der Warengattungen hat, sie sind deshalb auch von Bedeutung für Nicht-Börsengeschäfte. Über die Zulassung einer Ware als Gegenstand des eigentlichen Börsenhandels entscheiden die Börsenorgane.

Die an der Fondsbörse vorgenommenen Geschäfte sind entweder Kassa- (Komptant-) oder Zeitgeschäfte. Die ersteren werden an demselben oder am nächstfolgenden Tage oder ausnahmsweise einige Tage nach dem Abschluß erfüllt[1]) und dienen der Anlage sowie der sofortigen Flüssigmachung von Kapital. Zeit- oder Termingeschäfte sind diejenigen Geschäfte, welche eine bestimmte Zeit nach dem Geschäftsschluß erfüllt werden,[2]) sie dienen vorzugsweise der Spekulation, indem der Käufer darauf rechnet, daß der Kurs der Papiere bis zum Lieferungs- (Stich-) Tage steigen, der Verkäufer aber darauf rechnet, daß der Kurs der Papiere bis zum Stichtage fallen werde (à hausse — à baisse spekulieren). Termingeschäfte werden auch in Produkten vorgenommen, doch ist durch das Börsengesetz der börsenmäßige Terminhandel in Getreide und Mühlenfabrikaten untersagt (§ 50).

Das Börsengesetz gibt über Kassageschäfte keine Bestimmungen, sie unterliegen danach den allgemeinen Grundsätzen des HGB und des BGB. Termingeschäfte unterliegen den Vorschriften des Börsengesetzes, wenn sie **Börsentermingeschäfte** sind. Börsentermingeschäfte sind die über Waren oder Wertpapiere geschlossenen Kauf- oder sonstigen Anschaffungsgeschäfte mit einer festbestimmten Lieferungszeit oder mit einer festbestimmten Lieferungsfrist, wenn sie nach Geschäftsbedingungen geschlossen werden, die von dem Börsenvorstande für den Terminhandel festgesetzt sind, und wenn für die an der betreffenden Börse geschlossenen Geschäfte solcher Art eine amtliche Feststellung von Terminpreisen erfolgt (§ 48 angef. Ges.). Für sie besteht die Vorschrift, daß wenn nicht beide Kontrahenten zur Zeit des Geschäftsschlusses im Börsenregister eingetragen sind, weder aus dem Geschäfte selbst noch aus einem Schuldanerkenntnis eine Verpflichtung entsteht, während das, was bei oder nach völliger Abwicklung des Geschäfts zu seiner Erfüllung geleistet worden ist, nicht zurückgefordert werden kann. Alle andern Geschäfte sind einfache Lieferungsgeschäfte und unterliegen ausschließlich den Bestimmungen des HGB und des BGB, insbesondere

[1]) Auch „Tagesgeschäfte", weil sie sich nur auf einen Tag erstrecken.

[2]) Auch „Ultimogeschäfte", weil der Zahltag gewöhnlich der Letzte des Monats ist.

denen über das Fixgeschäft. An ein Spekulationsgeschäft setzen sich regelmäßig mehrere, dieselbe Gattung von Papieren betreffende Spekulationsgeschäfte an, da es das Bestreben eines jeden Kontrahenten ist, sich möglichst vorteilhaft zu „decken", d. h. die nicht in seinem Besitze befindlichen Papiere anzuschaffen oder sich von der Abnahmepflicht zu befreien. Wenn A am 2. Juni zu 95 gekauft hat, ist er verpflichtet, am 30. Juni gegen Zahlung von 95 abzunehmen; er wird das Steigen des Kurses benutzen und vielleicht am 6. Juni an B zu 98 per ultimo verkaufen. Sein Gewinn besteht daher in diesen 3 Proz. B verkauft, da das Papier andauernd fällt, am 15. Juni zu 94 und erleidet einen Verlust von 4 Proz.; sein Käufer C aber wartet das Steigen ab und verkauft am 24. Juni zu 102 an D, gewinnt also 8 Proz. A hatte von P gekauft. P kauft, um liefern zu können, am 16. Juni zu 92 und gewinnt 3 Proz. Alle diese Geschäfte werden an Ultimo nach einem einheitlichen, dem Tageskurse am vorletzten Börsentage vor Ultimo sich möglichst annähernden sog. Liquidationskurse (hier also etwa zu 100) im Wege der Skontration abgewickelt (sog. Ultimoregulierung), indem nach Gegenüberstellung aller in demselben Papiere während des Monats gemachten Geschäfte der Kontrahent, der noch zu liefern hat, demjenigen überwiesen wird, der noch zu fordern hat, auch wenn diese beiden Personen nicht miteinander kontrahiert hatten; die Abwicklung unter ihnen erfolgt zum Liquidationskurse. Die Unterschiede, die zwischen diesem und dem wirklich gehandelten Kurse bestehen, sind unter den Kontrahenten auszugleichen. Der Liquidationskurs ist also nicht ein an die Stelle des vereinbarten Preises tretender Kurs, sondern nur ein im Interesse der einfachen Abwicklung (Skontrierung) aufgestellter Rechnungsfaktor.

Diese Art der Abrechnung, für welche an jeder Börse besondere Einrichtungen bestehen, und die z. B. in Berlin durch Vermittlung des Berliner Kassenvereins geschieht, hat den irrigen Glauben erweckt, als seien alle Börsentermingeschäfte Differenzgeschäfte. Denn — so folgert man — wird an Ultimo nicht real erfüllt, sondern nur Gewinn und Verlust ausgeglichen, so sei von vornherein die Absicht der Kontrahenten ausschließlich auf die Kursdifferenz gerichtet. Diese Auffassung herrschte in der Rechtsprechung und ging auch in das Börsengesetz von 1896 über, indem es durch § 69 demjenigen, der zur Zeit des Vertragsschlusses im Börsenregister eingetragen war, den andernfalls möglichen Einwand, daß ein Differenzgeschäft vorliege, versagt. Die Auffassung ist aber unrichtig. So wahr es ist, daß zahlreiche Börsengeschäfte von vornherein nur auf die Kursdifferenz gerichtet sind, so unrichtig ist es, alle Börsentermingeschäfte als Spiel zu bezeichnen. Jene Abrechnungsart ist auch bei Geschäften, die auf reale Erfüllung gehen, von selbst geboten; sie erspart eine Fülle unnötiger Übergabe- und Zahlungsakte, indem sie durch Überweisungen die Personen einander gegenüberstellt, die innerhalb des Monats ein Deckungsgeschäft betreffs des gehandelten Papiers geschlossen haben, also erfüllen müssen; sie überhebt ferner der Verlegenheit, daß der letzte Verkäufer nicht erfüllen kann, weil er seinerseits die Papiere noch nicht hat, sie von seinem Verkäufer auch nicht erlangen kann, weil auch dieser sie noch nicht hat.

Da die Spekulation in der Berechnung derjenigen Umstände besteht, welche auf das Steigen und Sinken des Preises der „Werte" Einfluß haben, aber auch die umsichtigste Berechnung durch unvorhergesehene Umstände vereitelt werden kann, ist bei den Spekulationsgeschäften der Vorbehalt des Rücktritts besonders häufig. Das Rücktrittsrecht pflegt aber nur dann gewährt zu werden, wenn der Berechtigte dem andern Teil eine bestimmte Summe (Prämie) zahlt. Der Prämiengeber ist alsdann befugt, entweder bei dem Geschäfte stehen zu bleiben oder gegen Aufopferung der Prämie zurückzutreten. Diese Geschäfte heißen Prämiengeschäfte. Unter den Begriff des Prämiengeschäfts fallen aber auch alle andern Börsengeschäfte, die gegen eine Prämie dem Prämiengeber das Recht einräumen, das er nach der Natur des Vertrags nicht haben würde. Die Prämie wird gezahlt entweder für die Einräumung oder für die Ausübung des bedungenen Rechts, sie ist also keine Vertragsstrafe, sondern eine Vergütung für die Übernahme des Risikos und, wenn sie für das ausgeübte Rücktrittsrecht gezahlt wird, eine sog. Wandelpön.

Das einfache Prämiengeschäft besteht in dem Vorbehalte des Rücktrittsrechts, das zusammengesetzte P. in der Befugnis, das geschlossene oder ein anderes Geschäft zu wollen. Zu den letzteren gehört:

a) das Nochgeschäft, bestehend in der Befugnis, nur die bedungenen oder außer diesen zu dem gleichen Preise noch andere Papiere zu verlangen;

b) der Schluß auf fest und offen, bestehend in dem Rechte, nur einen Teil der bedungenen Papiere zu nehmen oder zu geben, hinsichtlich des andern Teils aber vom Geschäfte zurückzutreten;

c) das Stellgeschäft, bestehend in der Befugnis, zu verkaufen oder zu kaufen;

d) das Wandelgeschäft, d. i. die Befugnis, die Erfüllung schon vor dem Stichtage zu fordern oder zu bewirken.

Verschieden vom Stellgeschäft ist das zweischneidige Prämiengeschäft, insofern es auch noch das Rücktrittsrecht gewährt. Zweiprämiengeschäft aber ist die Verbindung zweier Prämiengeschäfte: der Käufer behält sich gegen je eine von ihm zu zahlende Prämie nicht bloß gegenüber dem Verkäufer, sondern auch gegenüber seinem Abnehmer das Rücktrittsrecht vor, oder er räumt gegen eine von jedem an ihn zu gebende Prämie jedem von ihnen das Rücktrittsrecht ein.

Man pflegt die vom Verkäufer entrichtete Prämie Rück- oder Empfangs-, die vom Käufer entrichtete Vor- oder Lieferungsprämie zu nennen.

Das Heuer- oder Promessengeschäft besteht in der gegen Prämie übernommenen Verpflichtung, denjenigen Gewinn herauszuzahlen, der nach einer Verlosung auf ein Papier (ein sog. Los) fallen wird.

Durch das sog. Prolongations- (Report-, Deport-, auch wohl Kost-) Geschäft wird dem Bedürfnisse nach Fortsetzung einer begonnenen Spekulation genügt. Würde nämlich der Käufer, der an Ultimo abnehmen und zahlen müßte, bei dem gegenwärtigen Kursstande Schaden leiden oder nicht den ganzen erhofften Gewinn haben, so verkauft er die Papiere, die er abnehmen sollte, an einen Dritten und kauft sie zu einem späteren Termine von ihm zurück, und zwar gewöhnlich zu einem Preise, der den vom Dritten zu zahlenden Kaufpreis übersteigt. Der Preisunterschied heißt Report. Diesen gewinnt der Dritte, aber der Spekulant kann doch dadurch gewinnen, daß die Papiere zu dem späteren Termine so hoch im Kurse stehen, daß der Report überschritten wird. Der Dritte nimmt die Papiere unmittelbar vom Verkäufer und zahlt an diesen oder an den spekulierenden Käufer. Ferner kann derjenige, der am nächsten Ultimo Papiere liefern soll, aber durch Lieferung Schaden oder nicht den ganzen erhofften Gewinn haben würde, die Papiere von einem Dritten kaufen und zu einem späteren Termine wieder an ihn verkaufen. Der Dritte erhält regelmäßig einen höheren Preis, als er an dem späteren Termine zu zahlen hat, er gewinnt also den Preisunterschied, Deport, aber der Spekulant kann durch starkes Fallen der Papiere bis zu diesem späteren Termine doch vielleicht noch gewinnen. Nach der herrschenden Ansicht ist der Dritte nicht Darlehnsgeber, sondern Käufer bzw. Verkäufer der Papiere (RG **19, 145** ff.).

Die Börsengeschäfte können natürlich Differenzgeschäfte sein und sind es häufig. Denn das Differenzgeschäft enthält in sich die Verabredung, daß Waren oder Wertpapiere, die einen Markt- oder Börsenpreis haben, zu einem jetzt vereinbarten Preise an einem künftigen Termine geliefert werden sollen. Sie sind also Termingeschäfte. Wollen die Parteien wirkliche („effektive") Lieferung, so unterscheidet sich das Geschäft nicht von einem andern Kaufvertrage, und es bleibt Kaufvertrag und daher Realgeschäft, wenn die Parteien am oder kurz vor dem Lieferungs- (Stich-) Tage vereinbaren, daß an die Stelle der wirklichen Lieferung die Zahlung des Unterschiedes treten solle, der zwischen dem Kaufpreise und dem Marktpreise der Ware am Stichtage besteht. Differenzgeschäfte unterliegen den §§ 762, 764 BGB., welche das reine Differenzgeschäft als Spiel bezeichnen und aus ihm eine Verbindlichkeit nicht entstehen lassen. Nach der Begriffsbestimmung des BGB ist ein Differenzgeschäft aber nicht nur dann, wenn die Parteien die wirkliche Lieferung ausschließen, sondern schon dann vorhanden, wenn es in der Absicht geschlossen ist, daß die Preisdifferenz gezahlt werden soll, und sogar dann, wenn diese Absicht nur bei einem der Kontrahenten besteht, der andere aber diese Absicht kannte oder kennen mußte. Ein solcher Vertrag fällt unter den Begriff des Spiels (Art. 14 Nr. V EG z. HGB).

§ 29. Der Dienstvertrag.

Der Dienstvertrag unterliegt den Bestimmungen des BGB §§ 611—630. Dem Handelsrechte gehören an die Dienstverträge zwischen dem Prinzipal und den Handlungsgehilfen sowie die Rechtsverhältnisse der Schiffsmannschaft. Die Handlungsgehilfen werden im HGB §§ 59—75 behandelt (s. oben § 15), die Schiffsmannschaft in der Seemannsordnung vom 27. Dezember 1872 und in den §§ 21—25 des Gesetzes betr. die privatrechtlichen Verhältnisse der Binnenschiffahrt vom 15. Juni 1895.

Eine Ausnahme von dem allgemeinen Grundsatze, daß nur die wirklich geleisteten Dienste zu vergüten sind, macht (außer § 616) der Satz des HGB (§ 63), daß der Handlungsgehilfe bei einer durch unverschuldetes Unglück verursachten Verhinderung seiner Diensttätigkeit den Anspruch auf Gehalt und Unterhalt, doch nicht über sechs Wochen hinaus, behält.

§ 30. Der Frachtvertrag.

A. **Begriff.** Der Frachtvertrag ist eine Unterart des Werkvertrags, denn er ist gerichtet auf einen „durch Arbeit oder Dienstleistung herbeizuführenden Erfolg“. Er unterliegt daher, soweit er nicht unter das vom HGB behandelte Frachtgeschäft fällt, nach altem und neuem Rechte den Grundsätzen von der locatio conductio operis, auch wenn das Geschäft Handelsgeschäft ist. Relatives Handelsgeschäft nach bisherigem, Handelsgewerbe nach neuem Handelsrecht aber sind die Übernahme der Beförderung von Gütern oder Reisenden zur See, die Geschäfte der Frachtführer oder der zur Beförderung von Personen zu Lande oder auf Binnengewässern bestimmten Anstalten, sowie die Geschäfte der Schleppschiffahrtsunternehmer (§ 1 Nr. 5 HGB).

B. **Frachtführer.**

1. **Begriff.** Vom HGB besonders geregelt ist der mit einem Frachtführer geschlossene Vertrag. „Frachtführer ist, wer es gewerbsmäßig übernimmt, die Beförderung von Gütern zu Lande oder auf Flüssen oder sonstigen Binnengewässern auszuführen“ (§ 425 HGB). Damit ist der gesamte Personentransport ausgeschlossen. Unter Gütern sind alle transportfähigen beweglichen Sachen zu verstehen. Da der Frachtführer den Transport auszuführen übernimmt, erlangt er den Besitz (nach altem Rechte die Detention) der Sache.

Die Besonderheit des Frachtvertrags besteht darin, daß er zunächst nur Rechte und Pflichten zwischen Frachtführer und Absender, dann aber auch Rechte und Pflichten für den Empfänger begründet, falls dieser eine vom Absender verschiedene Person ist. Dieser Eigentümlichkeit entsprechen die bei dem Vertrage vorkommenden Urkunden.

Der **Frachtbrief** enthält den Frachtvertrag und ist nur Beweisurkunde für das Rechtsverhältnis zwischen Frachtführer und Absender (§ 426 HGB); er wird daher vom Absender ausgestellt, wenn dies der Frachtführer verlangt.

Der Ladeschein wird vom Frachtführer auf Grund einer von diesem mit dem Absender getroffenen Vereinbarung ausgestellt, er wird dem Absender ausgehändigt, beurkundet die Verpflichtung des Frachtführers zur Ablieferung des Gutes und enthält die für das Rechtsverhältnis zwischen Frachtführer und Empfänger maßgebenden Bestimmungen. Er ist ein Verpflichtungsschein, daher ist berechtigt aus ihm derjenige, der in ihm als Empfänger („Destinatär“) bezeichnet ist, oder auf den der Schein, wenn er an Order lautet, durch Indossament übertragen ist; er ist ein Dispositionspapier, d. h. er verkörpert das Verfügungsrecht über das Gut; die Übergabe des Scheins steht der Übergabe des Gutes gleich (§§ 444—450 HGB). Er ist endlich insofern Skripturobligation, als für den Empfänger des Scheins nur sein Inhalt maßgebend ist.

Frachtbrief und Ladeschein können nebeneinander bestehen, aber verschiedenen Inhalt haben. In diesem Fall ist der Frachtführer den Weisungen des Absenders so lange unterworfen, bis sich der Empfänger durch Vorlegung des Ladescheins legitimiert hat. Von diesem Zeitpunkt ab unterliegt der Transport den Weisungen des Empfängers, denn durch die Übergabe des Ladescheins begibt sich der Absender der Verfügung zugunsten des Empfängers (§ 450 HGB).

2. **Rechte und Pflichten** aus dem Vertrage.

a) Der Frachtführer ist verpflichtet, den Transport auszuführen und das Gut rechtzeitig am Bestimmungsorte dem Empfänger abzuliefern. Er ist einer strengen Haftung unterworfen, denn er ist im Falle des Verlustes oder der Beschädigung des Gutes oder bei Verabsäumung der Lieferfrist schlechthin zum Schadensersatze verpflichtet. Von dieser Verpflichtung befreit er sich nach neuem Rechte durch den Nachweis von Umständen, die durch die Sorgfalt eines ordentlichen Frachtführers nicht abgewendet werden konnten (§ 429 HGB). Für Verlust oder Beschädigung besonders wertvoller Gegenstände (Kostbarkeiten, Kunstgegenstände, Geld, Wertpapiere) tritt diese strenge Haftung nur dann ein, wenn dem Frachtführer deren Wert (Wertdeklaration) oder Beschaffenheit angegeben worden ist, andernfalls greifen die allgemeinen Grundsätze über Verschulden Platz.

Zu erstatten ist grundsätzlich der gemeine Handelswert und in Ermangelung eines solchen der gemeine Wert, den Gut derselben Art und Beschaffenheit am Orte und zur Zeit der Ablieferung hatte, und nur bei Vorsatz oder grober Fahrlässigkeit ist der volle Schaden zu ersetzen. Der Frachtführer muß aber auch für ein Verschulden seiner Leute, sowie für ein Verschulden anderer Personen, deren er sich bei der Ausführung des Transports bedient, wie für eigenes Verschulden einstehen (§ 431 HGB, § 278 BGB). Der Frachtführer haftet ferner für die Unterfrachtführer, nicht auch für die Zwischenfrachtführer. Unterfrachtführer ist derjenige, dem der Hauptfrachtführer zum Zwecke der Ausführung des von ihm übernommenen Transports das Gut übergibt, Zwischenfrachtführer derjenige, der den Transport von demjenigen Orte ab übernimmt, an welchem der vom ersten Frachtführer übernommene Transport endet. Durch Annahme eines Unterfrachtführers wird der zwischen dem Hauptfrachtführer und dem Absender geschlossene Vertrag nicht gelöst, daher bleibt jener haftbar, bis der von ihm übernommene Transport beendet ist. Der Zwischenfrachtführer aber schließt einen selbständigen Vertrag mit dem Absender. Nach positiver Gesetzesbestimmung tritt indessen auch der Unterfrachtführer durch Übernahme des Guts und des ursprünglichen Frachtbriefs in den Frachtvertrag ein, so daß dem Absender oder Empfänger die sämtlichen Frachtführer solidarisch haften. Hat einer von ihnen Schadensersatz geleistet, so steht ihm der Rückgriff gegen denjenigen zu, der den Schaden verschuldet hat, und wenn dieser nicht ermittelt und auch die Strecke nicht festgestellt werden kann, auf welcher der Schaden geschehen ist, gegen jeden Frachtführer anteilig nach Maßgabe der Fracht.

Mit der Annahme des Guts und (nachfolgender) Bezahlung der Fracht erlöschen alle gegen den Frachtführer begründeten Ansprüche, es sei denn, daß der Schaden vor der Annahme durch amtlich bestellte Sachverständige festgestellt wäre. Infolgedessen reicht bei einer Frankosendung die bloße Annahme nicht aus (RG 25, 32), und die auf eine äußerlich nicht erkennbare Beschädigung oder Minderung des Guts gegründeten Ansprüche erlöschen dann nicht, wenn der Empfänger den Mangel unverzüglich nach der Entdeckung durch amtlich bestellte Sachverständige hat feststellen lassen. Sie erlöschen auch infolge Mangels dieser Diligenz nicht, wenn der Schade durch Vorsatz oder grobe Fahrlässigkeit des Frachtführers herbeigeführt worden ist (§ 438).

Die Ansprüche gegen den Frachtführer verjähren in der Regel in einem Jahre, und nur wenn der Schaden durch Vorsatz verursacht ist, in der ordentlichen Verjährungsfrist. Die kurze Verjährungsfrist kann durch Vertrag verlängert werden (§§ 439, 414).

b) Die Pflichten des Frachtführers bestehen auch gegenüber dem Empfänger. Dieser hat ein selbständiges, durch den Frachtvertrag begründetes Recht auf Auslieferung des Guts, er kann dieses Recht aber nur Zug um Zug gegen Erfüllung der aus dem Frachtvertrage folgenden Pflichten geltend machen, doch kann er schon vor der Ankunft des Gutes sicherstellende Maßregeln treffen. Die Pflicht des Empfängers, dem Frachtführer nach Maßgabe des Frachtbriefes Zahlung zu leisten, entsteht mit der Annahme des Guts und des Frachtbriefes (§ 436).

c) Der Frachtführer ist berechtigt, die bedungene oder übliche Vergütung (Frachtlohn, „Fracht") und Ersatz seiner Auslagen, sowie Liegegelder zu verlangen, und hat wegen aller seiner durch den Frachtvertrag begründeten Forderungen an dem Gut ein gesetzliches Pfandrecht, das nicht nur so lange, als der Frachtführer das Gut noch im wirklichen Besitz oder mittels eines Dispositionspapieres noch in seiner Verfügung hat, sondern auch noch drei Tage nach der Ablieferung besteht, sofern der Frachtführer es in dieser Zeit gerichtlich geltend macht und das Gut sich noch im Besitze des Empfängers befindet. Die Befriedigung des Frachtführers aus dem Pfande erfolgt nach den Vorschriften des BGB (§ 440 HGB). Ist das Gut nacheinander von mehreren Frachtführern befördert worden, so geht die gesicherte Forderung mit dem Pfandrecht auf den Nachmann über, wenn dieser den Vormann befriedigt; andernfalls bleiben Forderung und Pfandrecht des Vormannes bestehen, doch hat der letzte Frachtführer Recht und Pflicht, die Rechte seiner Vormänner auszuüben (§§ 441, 442). Unterliegt dasselbe Gut gleichzeitig mehreren Pfandrechten des Kommissionärs, des Spediteurs und des Frachtführers, so richtet sich die Rangordnung der Pfandrechte nach besonderen Grundsätzen. Es gehen nämlich die durch die Versendung und die Beförderung des Guts entstandenen Pfandrechte den durch andere Tatsachen begründeten Pfandrechten vor, und unter ihnen hat wieder das jüngere Pfandrecht den Vorzug vor dem älteren (§ 443). Denn die ortsverändernde Tätigkeit erhöht den Wert des Gutes, und je näher es an seinen Bestimmungsort herangebracht wird, desto wertvoller wird es. Unter den anderen Pfandrechten gilt der Satz: **prior tempore potior jure**. (§§ 1209, 1257 BGB).

C. Frachtführer sind die dem öffentlichen Güterverkehre dienenden **Eisenbahnen.** Deshalb kommen auf die von ihnen geschlossenen Frachtverträge, soweit sie nicht besonderen Vorschriften unterliegen, die Bestimmungen des HGB zur Anwendung. Solche besonderen Vorschriften aber waren aus mehreren Gründen nötig. Vor allem war es geboten, gegenüber dem tatsächlich bestehenden Monopole der Eisenbahnen im Groß- und Fernverkehre die Vertragsfreiheit der Eisenbahnen einzuschränken, d. h. ihnen unter gewissen Voraussetzungen die Verpflichtung zum Abschlusse von Frachtverträgen aufzuerlegen und ihnen die Befugnis zu einer vertragsmäßigen Ablehnung oder erheblichen Einschränkung ihrer Haftung zu nehmen. Dieser Ablehnung waren bisher und sind auch nach neuem Rechte gewisse Grenzen gezogen. Bis zu dieser Grenze regelten die Eisenbahnen bisher ihre Haftung durch Vertrag, indem sie allgemeine Transportbedingungen aufstellten und deren Inhalt zum Bestandteile jedes einzelnen Frachtvertrags machten. Daher begannen mehrere Artikel des bisherigen HGB mit den Worten: „es kann bedungen werden, daß ..." Die Befugnis der Eisenbahnen zu vertragsmäßiger Festsetzung der Haftungsgrenze ist indessen damit weggefallen, daß die Transportbedingungen und Haftungsgrenzen durch eine vom Bundesrat erlassene Verordnung in bindender Weise vorgeschrieben sind (Verkehrsordnung für die Eisenbahnen Deutschlands vom 26. Oktober 1899). Diese Verordnung enthält also nicht eine Aufstellung von Transportbedingungen, sondern ist eine Rechtsverordnung, so daß das neue HGB wiederholt auf sie als Ergänzung seiner eigenen Bestimmungen verweisen konnte und ihre Sätze zu revisiblen Rechtsnormen im Sinne der §§ 549, 550 ZPO geworden sind. Der § 459 des neuen HGB beginnt nunmehr mit den Worten: „Die Eisenbahn haftet nicht ..."

Durch die genannte Bestimmung wird die Haftung der Eisenbahn aus bestimmten Gründen abgelehnt, zugleich aber zugunsten der Bahn die Rechtsvermutung aufgestellt, daß der Schaden aus der Gefahr, für welche die Haftung abgelehnt ist, entstanden sei, wenn er den Umständen nach aus dieser Gefahr entstehen konnte. Ist der Schaden aber durch Verschulden der Eisenbahn entstanden, so ist sie haftbar. Auch sie haftet nur für den gemeinen Wert, und in Ausnahmetarifen kann sie einen Höchstbetrag ihrer Haftung festsetzen.

Die **Personenbeförderung** unterliegt gleichfalls einem Eisenbahn-Frachtvertrage. Dieser bestimmt sich nach der Eisenbahn-Verkehrsordnung vom 26. Oktober 1899 (§ 472 HGB).

D. Frachtführer sind die **Postanstalten.** Die Postverwaltung des Reichs und der Bundesstaaten unterliegt jedoch einem im Gesetze vom 28. Oktober 1871, in der Postordnung vom 11. Juni 1892, einem mehrfach geänderten Gesetz über das Posttaxwesen vom 28. Oktober 1871 und im Gesetze vom 20. Dezember 1899 enthaltenen Sonderrecht. Hierhin gehört

a) die Bestimmung des neuen HGB (§ 452), daß diese Postverwaltungen nicht als Kaufleute gelten.

b) Die Vertragsfreiheit auch der Postverwaltungen ist im öffentlichen Interesse in der Weise eingeschränkt, daß die Post den Beförderungsvertrag schließen muß, wenn der Gegenkontrahent die gesetzlichen und verordnungsmäßigen Bestimmungen befolgt.

c) Die Haftpflicht der Postverwaltungen ist erheblich beschränkt. Sie besteht überhaupt nicht für nicht eingeschriebene oder nicht mit Wertangabe versehene Briefe, Postkarten, Warenmuster und Drucksachen und ist eine auf ein bestimmtes niedriges Maß begrenzte beim Verlust oder bei der Beschädigung von Briefen mit Wertangabe, von Paketen mit oder ohne Wertangabe, sowie im Falle des Verlustes eingeschriebener und zur Beförderung durch Estafette eingelieferter Sendungen. Die einseitig vom Absender gemachte Wertangabe hat aber keine die Postverwaltung unbedingt bindende Wirkung, die Post braucht vielmehr nur den wirklichen gemeinen Wert zu ersetzen, für den sie jedoch die Beweislast hat, wenn er geringer ist als die Wertangabe. Der Ersatzanspruch steht nur dem Absender als dem Gegenkontrahenten zu. Dieser hat auch das Recht, die Ausführung des Beförderungsvertrags bis zum Zeitpunkte der Auslieferung der Sendung zu verhindern.

d) Der Adressat hat kein eigenes Recht auf Auslieferung der unter seiner Adresse gehenden Sendung, vielmehr hat der Absender das Recht, die Sendung zurückzunehmen, solange sie dem Adressaten noch nicht ausgehändigt ist (§ 35 der Postordnung. RG 43, 98).

Der **Postanweisungsvertrag** ist gleich dem Postbeförderungsvertrag ein Werkvertrag, gerichtet auf Auszahlung einer bestimmten Geldsumme an den Adressaten. Er wird geschlossen durch Entgegennahme der Urkunde (Postanweisung), in welcher der Absender die Post um Auszahlung ersucht, und einer dem auszuzahlenden Betrage gleichkommenden Geldsendung von seiten der Post und Erteilung eines Postlieferungsscheins, d. i. einer Urkunde, welche die geleistete Einzahlung beweist. Auch aus diesem Vertrage erwirbt der Adressat kein selbständiges Recht gegen die Post auf Auszahlung. Die Post zahlt für Rechnung ihres Auftraggebers.

E. Unter den Begriff eines besonderen, nicht dem HGB, sondern dem Gesetze vom 6. April 1892 unterliegenden Frachtvertrags fällt die Übermittlung von **Telegrammen** und Telephonnachrichten.

F. Eigenartige Rechtsgrundsätze gelten für das **Seefrachtgeschäft und den Binnenschiffahrtsvertrag**, erstere sind im HGB, letztere im Gesetze vom 15. Juni 1895 (nur wenig geändert durch das EG zum neuen HGB) enthalten.

Der Eigentümer eines ihm zum Erwerbe durch die Seefahrt dienenden Schiffes, der Reeder (§ 484 HGB), sowie der Eigentümer eines zur Schiffahrt auf Flüssen und sonstigen Binnengewässern bestimmten und hierzu von ihm verwendeten Schiffes, der Schiffseigner (§ 1 angef. Ges.), haften für die eigentlichen Schiffsschulden nur mit der fortune de mer, d. h. nur mit Schiff und Fracht, für andere Schulden aber, insbesondere für die Forderungen der Schiffsbesatzung aus deren Dienstvertrag, unbeschränkt persönlich. Auch der Nichteigentümer, der das in seinem Besitze befindliche Schiff zum Erwerbe durch die Seefahrt oder Binnenschiffahrt für seine Rechnung verwendet und es entweder selbst führt oder von einem Schiffer führen läßt, gilt Dritten gegenüber als Reeder oder als Schiffseigner (§§ 484—488, 510 HGB, 1—6 Ges.).

Schiffer ist diejenige Person, welcher vom Reeder oder Schiffseigner die Führung des Schiffes übertragen ist. Er ist einer Reihe einzelner Pflichten unterworfen[1]) und haftet bei Ausführung seiner Dienstverrichtungen, insbesondere bei der Erfüllung der von ihm auszuführenden Verträge, für die Sorgfalt eines ordentlichen Schiffers, sowohl Dritten als auch dem Reeder oder Schiffseigner gegenüber. Er steht zum Reeder oder Schiffseigner nicht bloß in einem Dienstvertragsverhältnis, sondern ist, sobald das Schiff den Heimatshafen oder den Heimatsort verlassen hat, bei allen zur Ausführung der Reise notwendig werdenden Rechtsgeschäften sein Stellvertreter.

Die Seeschiffsmannschaft unterliegt der Seemannsordnung vom 27. Dezember 1872, die Binnenschiffsmannschaft der Gewerbeordnung.

Der Schiffsfrachtvertrag ist Stückgütervertrag, wenn er die Beförderung einzelner Güter zum Gegenstande hat, Chartervertrag, wenn zum Zwecke der Güterbeförderung das Schiff im ganzen oder ein verhältnismäßiger Teil oder ein bestimmt bezeichneter Raum des Schiffes gewährt wird. Wird ein Chartervertrag geschlossen, so kann im Seeverkehre jeder Kontrahent die Ausstellung einer Urkunde, der Chartepartie, verlangen. Sie ist nur Beweisurkunde (§§ 556 ff. HGB).

Der Verfrachter (d. i. der Reeder oder der Schiffer) oder der Frachtführer (d. i. der Schiffseigner oder sein Schiffer) hat das Schiff

[1]) Hierher gehört die sog. Verklarung, d. h. ein unter Zuziehung aller Personen der Schiffsbesatzung oder einer genügenden Anzahl von ihnen abgefaßter Bericht über alle Unfälle, welche sich während der Reise ereignen.

zur bedungenen Zeit in seetüchtigem Zustande zur Befrachtung bereit zu stellen, der Befrachter die Einladung der Güter rechtzeitig zu bewirken. Eingehende Bestimmungen regeln die Ladezeit, die Überliegezeit, die Wartezeit, die Löschzeit und den Anspruch auf Liegegelder. Der Vertrag endet, wenn vor oder nach Antritt der Reise das Schiff oder das Gut durch Zufall verloren geht; besonders wichtige Ereignisse geben jedem Teile das Rücktrittsrecht ohne die Pflicht der Entschädigung. Der Befrachter hat sogar ein freies Rücktrittsrecht, er muß aber, wenn er von diesem vor Antritt der Reise Gebrauch macht, die Hälfte, wenn er es nach Antritt der Reise ausübt, die ganze Fracht, als sog. Fautfracht, zahlen. Geht nach Antritt der Reise durch einen Zufall das Schiff verloren, so hat der Befrachter die sog. Distanzfracht zu zahlen, soweit Güter geborgen oder gerettet werden; gehen die Güter verloren, so besteht keine Frachtzahlungspflicht, im Binnenverkehr ist aber auch in diesem Falle Distanzfracht zu zahlen (§ 633 HGB, § 64 Ges.).

Der Seeverkehr hat in dem **Konnossement** ein dem Ladescheine im wesentlichen gleichstehendes Papier; der Ladeschein des Binnenverkehrs unterliegt den vom HGB für den Ladeschein des Frachtführers aufgestellten Grundsätzen.

Auch dem Verfrachter wie dem Binnenschiff-Frachtführer steht das gesetzliche Pfandrecht zu, und zwar im Seeverkehr noch 30 Tage nach Ablieferung des Gutes, wenn es innerhalb dieser Zeit gerichtlich geltend gemacht ist. Die Grenze der Haftbarkeit ist dieselbe wie für den Frachtführer.

Havarie ist ein durch die besonderen Gefahren des Schiffstransportes dem Schiffe oder der Ladung zugefügter Verlust. Totalverlust fällt nicht unter den Begriff der Havarie. Das HGB und das angeführte Gesetz unterscheiden:

a) große oder gemeinschaftliche Havarie, d. h. alle Schäden, welche dem Schiffe oder der Ladung oder beiden zum Zwecke der Errettung beider aus einer gemeinsamen Gefahr von dem Schiffer oder auf dessen Geheiß von anderen vorsätzlich zugefügt werden, die durch derartige Maßregeln ferner verursachten Schäden und die zu gleichem Zwecke aufgewandten Kosten;

b) besondere Havarie, d. h. alle nicht zur großen Havarie gehörenden Schäden. Beide Gesetze zählen eine Reihe von Schäden auf, die stets zur großen Havarie, das HGB auch solche, die stets zur besonderen Havarie zu rechnen sind.

Die große Havarie wird von Schiff, Fracht und Ladung gemeinschaftlich, die besondere Havarie vom Eigentümer des Schiffs und von den Eigentümern der Ladung, von jedem für sich allein, getragen.

Die Verteilung der großen Havarie setzt voraus, daß das Schiff und die Ladung, und zwar jeder dieser Gegenstände ganz oder zum Teil, gerettet sind, und richtet sich nach dem Verhältnisse des Werts des Schiffes und der Ladung und nach dem Betrage der Fracht. Die Urkunde, welche die Feststellung des Schadens enthält und seine Verteilung ausspricht, heißt Dispache; die Verteilung erfolgt innerhalb des Deutschen Reichs durch gerichtlich bestellte Sachverständige (Dispacheurs). Im Ausland ist es Sache der Konsuln, die Verteilung herbeizuführen.

Die Grundsätze von der Havarie sind im wesentlichen römisches Recht, das in dieser Beziehung das rhodische Recht (**lex Rhodia de jactu**) übernommen hatte. Nach diesem Recht aber war für die geopferten Waren der Einkaufspreis, für die geretteten der Verkaufswert maßgebend, während nach HGB der Verkaufswert, den die geopferten und die geretteten Sachen am Bestimmungsorte haben, entscheidet.

§ 31. Das Speditionsgeschäft.

„Spediteur ist, wer es gewerbsmäßig übernimmt, Güterversendungen durch Frachtführer oder durch Verfrachter von Seeschiffen für Rechnung eines anderen (des Versenders) in eigenem Namen zu besorgen" (§ 407 HGB). Die Spedition ist hiernach eine Art Kommission, unterscheidet sich von dieser jetzt aber dadurch, daß die Kommission grundsätzlich nur den Ein- und Verkauf, die Spedition nur die Besorgung der Güterversendung zum Gegenstande hat. Es war deshalb für die Spedition eine Reihe besonderer Vorschriften geboten, im übrigen unterliegt sie den Grundsätzen vom Kommissionsgeschäft. Regelmäßig tritt der Spediteur dem Frachtführer oder Verfrachter gegenüber an die Stelle des Absenders; führt er den Transport selbst aus, so ist er zugleich Frachtführer (oder Verfrachter).

Er ist berechtigt, Ersatz der baren Auslagen (insbesondere der Fracht) und eine Provision zu verlangen, welche mit der Übergabe des Gutes an den Frachtführer oder Verfrachter fällig ist; er hat ein Pfandrecht am Gute, solange es seiner Verfügung unterliegt. Das Pfandrecht besteht aber nur wegen der Forderungen aus demjenigen Vertrage, der sich gerade auf dieses Gut bezieht, während das Pfandrecht des Kommissionärs wegen aller Forderungen aus laufender Rechnung in Kommissionsgeschäften überhaupt besteht.

Der Spediteur haftet für die Sorgfalt eines ordentlichen Kaufmanns und trägt die Beweislast dafür, daß er diese Sorgfalt angewendet habe. Hinsichtlich der von ihm angenommenen Zwischenspediteure und Frachtführer oder Verfrachter haftet er für **culpa in** eligendo, darüber hinaus haftet er für die von diesen Personen begangenen Handlungen nicht.

Der sog. Annoncenspediteur ist nicht Spediteur im Sinne des HGB, nach neuem Recht auch nicht Kommissionär. Die von ihm geschlossenen Geschäfte können jedoch zu den Geschäften des Buchhandels gerechnet werden und bilden jedenfalls nach neuem Rechte regelmäßig ein Handelsgewerbe im Sinne des § 2 HGB. Er ist demnach Kaufmann, wenn er eingetragen ist.

§ 32. Das Kommissionsgeschäft.

1. **Begriff.** Nach früherem Rechte war Kommissionär derjenige, welcher gewerbsmäßig in eigenem Namen für Rechnung eines Auftraggebers Handelsgeschäfte schloß (Art. 360 HGB), nach jetzigem Recht (§ 383 HGB) ist es derjenige, der „es gewerbsmäßig übernimmt, Waren oder Wertpapiere für Rechnung eines andern (des Kommittenten) in eigenem Namen zu kaufen oder zu verkaufen". Es wird sich regelmäßig um vertretbare Sachen handeln, aber auch die Lieferung einer nicht vertretbaren Sache kann Gegenstand eines Kommissionsgeschäfts sein, wenn sie aus einem vom Unternehmer zu beschaffenden Stoffe herzustellen ist (§ 406 HGB, § 651 BGB). Nach neuem Recht also braucht das aufgetragene Geschäft nicht Handelsgeschäft zu sein, und es gibt nur noch eine Einkaufs- und eine Verkaufskommission. Übernimmt aber ein Kommissionär oder ein Kaufmann, der nicht Kommissionär ist, die Schließung eines andern Geschäfts für fremde Rechnung, aber in eigenem Namen, so kommen die Bestimmungen des HGB über das Kommissionsgeschäft zur Anwendung; Kommissionär wird der Kaufmann dadurch nicht.

Die Eigentümlichkeit des Kommissionsgeschäfts besteht darin, daß der Kommissionär zwar infolge Auftrags und für Rechnung eines andern, aber doch im eigenen Namen handelt, daß das von ihm geschlossene Geschäft wirtschaftlich ein fremdes, juristisch sein eigenes Geschäft ist. Er ist demnach nicht Stellvertreter des Kommittenten, die von ihm geschlossenen Geschäfte äußern in seiner Person daher ihre Wirkung für ihn und gegen ihn, und nur eine besondere Rechtshandlung kann diese Wirkung auf den Kommittenten übertragen. Da diese Übertragung zu den Vertragspflichten des Kommissionärs gehört und in jeder Form geschehen kann, gelten die vom Kommissionär erworbenen Forderungen, obwohl ihre Geltendmachung vor der Abtretung nur dem Kommissionär zusteht, sowohl im Verhältnisse von Kommittent und Kommissionär, als auch im Verhältnisse dieses zu seinen Gläubigern als Forderungen des Kommittenten. Ob der Kommissionär Besitz und Eigentum für sich oder für den Kommittenten erwirbt, war nach bisherigem Rechte streitig (RG 24, 314; 30, 142); nach neuem Rechte vollzieht sich auch dieser Erwerb zunächst für den Kommissionär (§§ 164, 929 BGB), durch das für den Regelfall an keine Form gebundene constitutum possessorium aber geht Besitz und Eigentum auf sehr einfache Weise auf den Kommittenten über, und nur in den dem Depotgesetz unterliegenden Fällen ist hierfür die dort (§ 7) verlangte Form erforderlich (s. S. 100).

Nach früherem Rechte war das der Kommission zugrunde liegende Geschäft Mandat, nach neuem Recht ist es ein Dienstvertrag, da der Kommissionär eine Belohnung erhält (§§ 662, 675, 611 BGB).

Hat die Kommission den Verkauf einer Ware in einem überseeischen Lande zum Ziele, so nennt man sie Konsignation. Diese kann mannigfache Rechtsverhältnisse erzeugen (s. RG 63, 303).

2. Die **Pflichten** des Kommissionärs bestehen in der den Weisungen des Kommittenten entsprechenden Ausführung des Geschäfts, wobei er die Sorgfalt eines ordentlichen Kaufmanns anzuwenden und das Interesse des Kommittenten zu wahren hat,[1]) in der Benachrichtigungs- und Rechenschaftspflicht und in der Verpflichtung, das, was er durch die Geschäftsbesorgung erlangt hat, seinem Auftraggeber herauszugeben, also Besitz und Eigentum zu übertragen, die Forderungen abzutreten. Abweichungen von den Weisungen des Auftraggebers verpflichten zum Schadensersatz, sind jedoch unter Umständen gestattet (§ 385 HGB, § 665 BGB).

Jeder Vorteil aus dem Geschäfte gebührt dem Kommittenten, also auch der Gewinn, der dadurch erzielt wird, daß der Kommissionär zu günstigeren Bedingungen abschließt, als ihm der Kommittent gesetzt hatte. Hat der Kommissionär unter ungünstigeren Bedingungen abgeschlossen, also teurer eingekauft oder billiger verkauft, so ist der Kommittent berechtigt, das Geschäft als nicht für seine Rechnung geschlossen zurückzuweisen, es sei denn, daß der Kommissionär mit der Anzeige vom Geschäftsabschluß auch seine Bereitwilligkeit zur Deckung des Unterschiedes erklärt. Von dem Zurückweisungsrechte kann der Kommittent ferner nur dann Gebrauch machen, wenn er sich auf die Anzeige des Kommissionärs sofort in diesem Sinn erklärt, andernfalls muß er das ungünstigere Geschäft als das seinige gelten lassen (§§ 387, 386 HGB).

Der Kommissionär hat die Pflicht, die Rechte des Kommittenten gegenüber dem Absender des Gutes, dem Frachtführer oder dem Schiffer auszuüben und das Gut zu verwahren. Die Verwahrungspflicht macht ihn für jeden Schaden, der das Gut trifft, und der durch

---

[1]) Interessante Entscheidung in RG 43, 108.

die Sorgfalt eines ordentlichen Kaufmanns abgewendet werden konnte, haftbar; für die Unabwendbarkeit des Schadens hat er die Beweislast (§§ 388—390).

Zur Kreditgewährung ist der Kommissionär nicht berechtigt, es sei denn, daß sie der Handelsbrauch am Orte des Geschäfts gestattete. Das unter Kreditgewährung geschlossene Geschäft ist gleichwohl für Rechnung des Kommittenten geschlossen, aber der Kommissionär handelt auf eigene Gefahr, d. h. er haftet subsidiär für die Verbindlichkeit des Kreditempfängers und ist sogar verpflichtet, an den Kommittenten den dem Dritten kreditierten Kaufpreis sofort zu zahlen (§ 393). Von diesem Fall abgesehen, haftet er für den Dritten nur, wenn dies dem Handelsbrauch entspricht oder er die Verpflichtung des Dritten übernommen hat, d. i. wenn er Delkredere steht. In diesem Fall ist seine Haftung nicht eine subsidiäre, sondern eine prinzipale, er hat dafür das Recht, eine besondere Provision vom Kommittenten zu verlangen, da er dessen Forderungen Sicherheit gewährt (§ 394).

3. Der Kommissionär hat das **Recht**, die vertragsmäßige oder handelsübliche Provision zu verlangen, wenn das aufgetragene Geschäft zustande gekommen oder aus einem nur in der Person des Kommittenten liegenden Grunde nicht zustande gekommen ist, er hat ferner Anspruch auf Ersatz seiner Aufwendungen (§§ 396 HGB, 675 BGB).

Der Sicherung dieser Ansprüche des Kommissionärs dient das ihm am Kommissionsgute zustehende gesetzliche Pfandrecht, das im Konkurse des Kommittenten ein Recht auf abgesonderte Befriedigung gewährt. Das Pfandrecht ist an den Besitz geknüpft, erlischt also mit dem Verluste des Besitzes ohne weiteres, Besitz aber ist auch die Möglichkeit, durch Dispositionspapiere (Konnossemente, Lager-, Ladescheine) über das Gut zu verfügen. An den gegen Dritte zustehenden Forderungen kann der Kommissionär ein Pfandrecht nicht haben, weil diese bis zur Abtretung ihm selbst zustehen, nach der Abtretung aber nicht mehr seiner Verfügung unterliegen. Das Gesetz gewährt ihm deshalb das Recht, sich aus diesen Forderungen vorzugsweise zu befriedigen, und zwar vor dem Kommittenten, indem er die Abtretung verweigert, und vor dessen Gläubigern, indem er gegenüber dem Zugriffe dieser ein Interventionsrecht geltend macht (§ 399). Steht das Kommissionsgut im Eigentum des Kommissionärs, so hat er zwar kein Pfandrecht, er darf aber seine Befriedigung aus dem Gute nur wie ein Pfandgläubiger suchen (§ 398).

Ein besonderes Recht des Kommissionärs ist das Selbsteintrittsrecht, d. h. er darf die zu verkaufende Ware selbst kaufen, die zu kaufende Ware selbst verkaufen. Der Kommittent erteilt keinen alternativen Auftrag, sondern er erteilt ausschließlich die Weisung, ihm eine bestimmte Ware zu beschaffen oder eine bestimmte Ware zu veräußern; daß der Kommissionär zu diesem Zwecke mit einem Dritten kontrahiert, ist für den Kommittenten regelmäßig gleichgültig und ist daher nur selten Inhalt des Auftrags. Der Kommissionär handelt also nicht, wie man künstlich zu konstruieren gesucht hat, gleichzeitig alieno und suo nomine, sondern er führt den Kommissionsauftrag dadurch aus, daß er die Ware selbst beschafft oder selbst erwirbt. Da er hiernach im Dienste des Kommittenten handelt, ist er berechtigt, die Provision zu fordern. Voraussetzung des Selbsteintrittsrechts ist, daß die Ware einen Börsen- oder Marktpreis hat, und daß der Kurs der Wertpapiere amtlich festgestellt ist. Der Kauf- oder Verkaufspreis darf kein für den Kommittenten ungünstigerer sein als der Markt- oder Börsenpreis. Da also nicht mehr ein dem Kommissionär fremdes Geschäft geschlossen wird, fällt die Rechenschaftspflicht fort, der Kommissionär hat nur nachzuweisen, daß er den Markt- oder Börsenpreis eingehalten. Zeigt er aber schlechthin an, daß das Geschäft ausgeführt sei, so ist darin die Erklärung zu finden, daß das Geschäft mit einem Dritten abgeschlossen sei. Das Selbsteintrittsrecht geht verloren, wenn der Kommittent die Kommission widerruft und der Widerruf dem Kommissionär zugeht, bevor die Ausführungsnachricht zur Absendung abgegeben ist (§§ 400—405 HGB). Daß der Kommissionär auch im Falle des Selbsteintritts das gesetzliche Pfandrecht und die Befugnis der Veräußerung des ihm gehörigen Kommissionsguts hat, folgt daraus, daß ihm auch der Provisionsanspruch zusteht.

4. Wer Wertpapiere zu erwerben beabsichtigt, wendet sich mit seinem Anliegen regelmäßig an einen Bankier. Beschränkt sich letzterer darauf, dem Kunden Rat zu erteilen oder ein Papier zu empfehlen, so haftet er dem Kunden nicht, wenn nicht zwischen beiden ein durch Vertrag begründetes Rechtsverhältnis, das den Bankier zur Beratung des Kunden verpflichtet, bereits besteht oder der Bankier eine unerlaubte Handlung begeht (§ 676 BGB). Verpflichtet sich aber der Bankier, dem Kunden das begehrte Papier zu verschaffen, so liegt in dem Vertragsschlusse regelmäßig und vermutlich die Erteilung einer Einkaufskommission, ein **Börsenauftrag**, wenn es sich um ein an der Börse zugelassenes Papier handelt. Der Börsenauftrag erfolgt unter den besonderen Geschäftsbedingungen, die der Bankier zum Vertragsinhalt der von ihm auszuführenden Kommissionen zu machen pflegt, von denen der Kunde regelmäßig ein Exemplar unterzeichnet, und auf die alsdann in dem schriftlich erklärten Börsenauftrage Bezug genommen wird. Das zwischen dem Kunden und dem Bankier zustande gekommene Geschäft kann aber auch Kauf sein. In diesem Falle kann der verkaufende Bankier einen seinem Vorteil entsprechenden Kaufpreis

bereden, wogegen er als Kommissionär dem Kommittenten nur den von ihm selbst gezahlten Preis in Rechnung stellen darf (§ 387 HGB; RG 43, 108).

§ 33. Der Verwahrungsvertrag.

Der (auch im Handelsverkehr häufig vorkommende) Verwahrungsvertrag (depositum) ist der Vertrag, durch den jemand die Aufbewahrung einer ihm übergebenen beweglichen Sache übernimmt. Ist die Aufbewahrungspflicht notwendige Folge eines andern Vertrags (z. B. eines Kaufs, des Kommissionsgeschäfts §§ 379, 390 HGB), so sind die besonderen Grundsätze dieses Vertrags maßgebend. Das Depositum setzt voraus, daß die Aufbewahrung den ausschließlichen oder hauptsächlichen Gegenstand des Vertrags bildet. In der Aufbewahrungspflicht ist aber die Pflicht zur Obhut (**custodia**), d. h. zum Schutze gegen nachteilige Einflüsse, enthalten (ROHG 4, 93).

Nach römischem Rechte war Unentgeltlichkeit wesentliches Merkmal des Geschäfts; wurde ein Entgelt bedungen für die Gewährung des Raumes, so lag Sachmiete, wurde sie bedungen für eine vom Verwahrer zu leistende Tätigkeit, so lag Dienstmiete vor. Nach gemeinem und neuem Recht (§§ 688, 689) ändert die Abrede einer Vergütung nichts am Wesen des Vertrags; eine Vergütung gilt sogar als stillschweigend verabredet, wenn die Aufbewahrung den Umständen nach nur gegen eine Vergütung zu erwarten ist, insbesondere kann ein Kaufmann Lagergeld auch ohne vorherige Verabredung beanspruchen (§ 354 HGB).

Insbesondere das **Depositen- und Depotgeschäft.** Mit dem Worte Depot verbindet der Sprachgebrauch des modernen Handelsverkehrs zwar stets den Begriff einer Verwahrung von Wertpapieren, doch ohne das Rechtsverhältnis anzudeuten, auf dem die Verwahrung beruht. Auch das Gesetz vom 5. Juli 1896 (kurzweg Depotgesetz benannt) gibt Bestimmungen schlechthin über die „Aufbewahrung fremder Wertpapiere". Diese Aufbewahrung kann aber beruhen auf einem Verwahrungsvertrag, auf einer Verpfändung oder auf einem Kommissionsgeschäft. Die Rechte und Pflichten des Depotinhabers richten sich deshalb nach den für das betreffende Rechtsverhältnis maßgebenden besonderen Grundsätzen. Die Parteien können daher vereinbaren, daß der Verwahrer oder Pfandgläubiger nicht dieselben Stücke, sondern gleichartige Papiere herausgeben soll, oder daß er über die hingegebenen Papiere verfügen darf. Es entstand damit nach früherem Recht ein **depositum irregulare** oder ein **pignus irregulare**, und auch nach neuem Rechte bleibt dem Depotgeber jedenfalls nur ein persönlicher Anspruch auf Erstattung der hingegebenen

Papiere (§ 700 BGB). Die mit dieser Wirkung verknüpfte Vereinbarung setzt jedoch nach dem Depotgesetz, d. h. bei Übergabe eines unverschlossenen Depots an einen Kaufmann im Betriebe seines Handelsgewerbes (§ 1), zu ihrer Gültigkeit eine für jeden einzelnen Fall ausdrücklich und schriftlich gegebene (§ 2), nach dem BGB (§ 700 Abs. 2), d. h. bei jedem nicht unter das Depotgesetz fallenden Depot, die ausdrückliche Erklärung des Hinterlegers oder Verpfänders voraus.[1])

Hiernach sind zu unterscheiden:

1. das verschlossene Depot: Übergabe der Papiere in einem geschlossenen Behältnis (wenn auch nur Briefumschlag) oder Einlegung der Papiere in ein dem Hinterleger eingeräumtes verschließbares Fach (Stahlkammer);

2. das unverschlossene Depot. Dieses kann wieder sein:

a) Sonderdepot, welches der Empfänger gesondert aufzubewahren hat,

b) Sammeldepot, welches den Verwahrer berechtigt, die Papiere mehrerer Hinterleger zusammen als gesondertes Ganzes aufzubewahren, die Papiere der mehreren Deponenten aber miteinander zu vermischen,

c) Summendepot, das den Verwahrer berechtigt, über die einzelnen Stücke zu verfügen, und ihn nur verpflichtet, gleichartige und gleichwertige Papiere herauszugeben.

Beim verschlossenen und beim Sonderdepot bleibt der Hinterleger oder Verpfänder Eigentümer der Papiere, er hat also neben dem persönlichen den Eigentumsanspruch und im Falle des Konkurses des Depotnehmers das Aussonderungsrecht. Um den Eigentumsanspruch des Depotgebers außer Zweifel zu stellen, verpflichtet das Depotgesetz den Depotnehmer nicht nur zur Eintragung der Papiere in ein besonderes Handelsbuch, sondern eben zu jener Sonderung jedes einzelnen Depots von den eigenen Beständen des Nehmers und den Depots anderer Kunden unter äußerlich erkennbarer Bezeichnung jedes Hinterlegers oder Verpfänders (§ 1), während das BGB die allgemeinen Verpflichtungen des Verwahrers und des Pfandgläubigers nicht verschärft (§§ 690, 691, 276). Beim Sammeldepot werden die mehreren Deponenten Miteigentümer der sämtlichen Papiere, und beim Summendepot geht unter der oben erwähnten Voraussetzung (ausdrückliche und schriftliche Erklärung) das Eigentum auf den Verwahrer über.

---

[1]) Das Depotgesetz befreit von dieser Form nur die Erklärung des Hinterlegers oder Verpfänders, der selbst gewerbsmäßig Bank- oder Geldwechslergeschäfte betreibt (§ 2). Das Gesetz nimmt ferner Banknoten und Papiergeld aus, das BGB begreift hier alle Wertpapiere.

Ein Depot und damit eine Verwahrungspflicht des Depotinhabers kann ferner durch die Ausführung des einem Kommissionär erteilten Auftrags, für den Kommittenten Wertpapiere einzukaufen oder umzutauschen oder ein Bezugsrecht auf bestimmte Papiere geltend zu machen, entstehen. Handelt in einem solchen Falle der Kommissionär im Namen des Auftraggebers, so erwirbt dieser, handelt er, was die Regel ist, in eigenem Namen, so erwirbt nach altem und neuem Rechte (§§ 164, 929 BGB) der Kommissionär das Eigentum der Papiere. Im letzteren Falle vollzieht sich der Eigentumserwerb für den Kommittenten (§§ 929, 930 BGB) durch körperliche Übergabe oder durch Willenserklärung (**constitutum possessorium**), das Depotgesetz aber verpflichtet den Kommissionär zur Absendung eines sog. Stückeverzeichnisses an den Kommittenten und knüpft an diesen Akt den Eigentumserwerb des Kommittenten (§§ 3, 5, 7), falls dieser Erwerb sich nicht schon früher, z. B. durch **const. possessorium**, vollzogen hat. Das Stückeverzeichnis ist im Falle der Einkaufskommission innerhalb dreier Tage, in den andern Fällen innerhalb zweier Wochen abzusenden; Verzug des Kommissionärs (nach näherer Vorschrift des § 4) gibt bei der Einkaufskommission dem Kommittenten das Recht, vom Geschäfte zurückzutreten, in den anderen Fällen das Recht, die Provisionszahlung zu verweigern (§§ 4, 6).

3. Verschieden vom Depotgeschäft ist das **Bankdepositengeschäft.** Es besteht in der Hingabe einer Summe an einen Bankier oder eine Sparkasse zum Zwecke der Verzinsung und Rückerstattung der gleichen Summe, gleichviel ob diese in Geld oder in Wertpapieren gegeben ist. Dieses Geschäft war nach bisherigem Rechte gewöhnlich **depositum irregulare**, nach neuem Recht (§ 700) ist es Darlehn.

§ 34. Das Lagergeschäft.

1. Das neue HGB hat in §§ 416—424 Bestimmungen über das Lagergeschäft aufgenommen, weil das Lagergeschäft jetzt nicht mehr unter das Kommissionsgeschäft fällt und die Bestimmungen des bürgerlichen Rechts über den Verwahrungsvertrag den Bedürfnissen des größeren Handelsverkehrs nicht genügen. Das Lagergeschäft ist zwar eine Art des Verwahrungsvertrags, die für diesen gegebenen Bestimmungen des BGB finden aber auf das Lagergeschäft nicht subsidiäre Anwendung.

Das Lagergeschäft kann nur mit einem Lagerhalter geschlossen werden. **Lagerhalter** ist, wer gewerbsmäßig die Lagerung und Aufbewahrung von Gütern übernimmt (§ 416). Er ist Kaufmann (§ 1 Abs. 2 Nr. 6 HGB). Übernimmt ein Kaufmann, dessen Handelsgewerbe nicht das eines Lagerhalters ist, in einem einzelnen

Falle die Verwahrung einer Sache, so ist ein zivilrechtlicher Verwahrungsvertrag vorhanden, und ist die Lagerung und Aufbewahrung Folge eines auf andere Zwecke gerichteten Rechtsgeschäfts (Kommission, Spedition, Frachtgeschäft), so kommen die besonderen Grundsätze vom Lagergeschäfte nicht zur Anwendung.

2. Der Lagerhalter hat in bezug auf die Empfangnahme, die Aufbewahrung und die Versicherung des Gutes die dem Kommissionär obliegenden **Pflichten.** Er hat demnach (§§ 388—390 HGB):

a) bei Einlagerung mangelhaften oder beschädigten Gutes die Rechte gegen Frachtführer und Schiffer zu wahren, den Zustand des Gutes festzustellen und den Einlagerer unverzüglich zu benachrichtigen;

b) die Verantwortung für den Verlust und die Beschädigung des in seiner Verwahrung befindlichen Gutes zu tragen, es sei denn, daß der nachteilige Einfluß durch die Sorgfalt eines ordentlichen Lagerhalters nicht abgewendet werden kann. Der Lagerhalter haftet daher zwar nicht bis zur Grenze der höheren Gewalt, er haftet aber für mehr als bloßes Verschulden (§ 276). Die Schadensersatzforderung des Einlagerers wird demnach durch die Tatsache begründet, daß das Gut in unbeschädigtem Zustande eingelagert und während der Aufbewahrung beschädigt worden ist. Der Lagerhalter befreit sich durch den Nachweis der Tatsache, daß die Beschädigung durch einen Umstand verursacht worden ist, den er nicht zu vertreten hat (§§ 417, 390 HGB; RG 64, 256). Zur Versicherung des Gutes ist der Lagerhalter nur auf Grund besonderer Anweisung des Einlagerers verpflichtet.

c) Der Lagerhalter kann in Fällen, in denen der Einlagerer die Pflicht, über das Gut zu verfügen, versäumt, hinterlegen oder zum Selbsthilfeverkaufe schreiten.

Der Lagerhalter ist darüber hinaus verpflichtet (§§ 417, 418):

d) von Veränderungen, die am Gut eintreten und dessen Entwertung befürchten lassen, den Einlagerer sofort zu benachrichtigen;

e) dem Einlagerer die Besichtigung des Gutes, die Entnahme von Proben und die zur Erhaltung des Gutes notwendigen Handlungen während der Geschäftsstunden zu gestatten.

Der Lagerhalter hat ein **Recht** auf Erstattung der Lagerkosten, d. i. des bedungenen oder ortsüblichen Lagergeldes, der Auslagen für Fracht und Zölle und der sonst für das Gut gemachten Aufwendungen, soweit er sie für erforderlich halten durfte. Der Anspruch auf Erstattung der baren Auslagen ist sofort fällig, der Anspruch auf die andern Lagerkosten immer nach je drei Monaten (§ 420). Wegen seines Rechts auf Lagerkosten (nicht auch wegen anderer Forderungen, § 397) hat der Lagerhalter ein Pfandrecht, solange er sich im natürlichen oder durch Dispositionspapiere vermittelten Besitze des Gutes befindet (§ 421).

3. Der Lagerhalter ist wie jeder Verwahrer nur Besitzer des Guts und darf darüber nicht verfügen; er darf vertretbare Sachen nur auf Grund besonderer Erlaubnis mit andern vermischen, aber selbst in diesem Falle geht das Eigentum nicht auf ihn über, sondern es entsteht Miteigentum der bisherigen Alleineigentümer am Ganzen (§ 419 HGB, §§ 948, 947 BGB). Der Lagerhalter kann aber ohne Zustimmung der anderen Teilhaber einem jeden Miteigentümer den ihm gebührenden Anteil am Gesamtvorrat ausantworten. Diese Bestimmungen sichern den Einlagerern im Falle des Konkurses des Lagerhalters das Aussonderungsrecht und sind dem Lagergeschäfte derart wesentlich, daß die Vereinbarung, der Lagerhalter solle das Eigentum erwerben und nur zur Herausgabe der gleichen Quantität und Qualität verpflichtet sein, dem Vertrage die Eigenschaft des Lagergeschäfts entzieht (§ 419 Abs. 3 HGB), es kommt dann nach § 700 BGB ein Darlehn zustande.

Der Einlagerer hat das Rückforderungsrecht wie der Hinterleger (§ 695 BGB), es würde aber dem Zwecke des Geschäfts widersprechen, wollte man dem Lagerhalter das unbegrenzte Rückgaberecht einräumen. Er kann daher die Rücknahme vor Ablauf der Lagerzeit nur aus einem wichtigen Grunde, dagegen mit Ablauf der Lagerzeit sofort, und ist eine solche nicht bedungen, erst nach Verlauf von drei Monaten verlangen, muß dann aber kündigen und darauf eine Frist von einem Monat abwarten.

Der Herausgabeanspruch gegen den Lagerhalter verjährt in 30, die Schadensersatzansprüche verjähren in einem Jahre (§§ 423, 414).

4. Der Lagerhalter kann einen **Lagerschein** (Warrant) ausstellen und ihn zu einem Orderpapier machen, sogar auf den Inhaber stellen (RG 59, 374). Ist der Schein indossabel oder auf den Inhaber gestellt, so hat er zugleich die Eigenschaft eines Dispositionspapiers, d. h. seine Übergabe an denjenigen, der durch den Schein zur Empfangnahme des Gutes legitimiert wird, steht der Übergabe des Gutes gleich.

§ 35. Der Bodmereivertrag.

Ein bedingtes Darlehn war das aus dem griechischen Recht aufgenommene **Seedarlehn** (**foenus nauticum, pecunia trajectitia**) [1]). Es war ein dem Reeder zum Zwecke des Ankaufs von Waren oder zur Ausbesserung des Schiffes oder zur Löhnung der Schiffsmannschaft

[1]) Vgl. besonders Schröder in Endemanns Handbuch des Handelsrechts Bd. 4 S. 235 ff.

gegebenes, im Bestimmungshafen rückzahlbares Darlehn, dessen Eigentümlichkeiten darin bestand, daß die Rückzahlungspflicht von der glücklichen Vollendung der Fahrt abhing. Der Darlehnsgeber nahm also mit seiner Forderung an der Gefahr der Seereise teil und erhielt dafür in einem bestimmten Betrage oder jedenfalls in einem erhöhten Zinse eine Gefahrprämie, denn die Höhe der Zinsen unterlag ursprünglich der freien Vereinbarung, seit Justinian durfte sie 12 % betragen. Es war üblich, das Schiff zu verpfänden, doch bildete die Verpfändung keinen notwendigen Bestandteil des Vertrags. Ging das Schiff infolge des Versehens des Reeders oder seiner Leute unter, so haftete er wie aus einem gewöhnlichen Darlehn. Das antike Seedarlehn ist im Mittelalter durch den deutschrechtlichen **Bodmereivertrag** [1]) verdrängt worden, ein Institut, das schließlich im HGB (§§ 679—699) seine gemeinrechtliche Regelung erfahren hat. Die Bodmerei ist ein Darlehnsgeschäft, welches von dem Schiffer als solchem unter Zusicherung einer Prämie und unter Verpfändung von Schiff, Fracht und Ladung oder von einem oder mehreren dieser Gegenstände in der Art eingegangen wird, daß der Gläubiger wegen seiner Ansprüche nur an die verpfändeten (verbodmeten) Gegenstände nach der Ankunft des Schiffes an dem Orte sich halten kann, wo diejenige Reise enden soll, für welche das Geschäft eingegangen ist (§ 679 HGB). Das Geschäft unterscheidet sich vom **foenus nauticum** dadurch, daß es ein unbedingtes Darlehn, daß ihm die Verpfändung wesentlich ist, daß der Darlehnsnehmer nur mit den verpfändeten Gegenständen haftet, und daß die Prämie unbeschränkt ist. Zur Gültigkeit des Bodmerei-Vertrags ist die Aufnahme einer Urkunde (des Bodmereibriefes) erforderlich, der an Order gestellt werden kann. Das Papier ist in diesem Falle ein Order-, andernfalls ein Rekta-, in jedem Fall ein Präsentationspapier. Das Darlehn ist im Bestimmungshafen und am achten Tage nach Vollendung der Bodmereireise fällig. Der gutgläubige Erwerber der verbodmeten Gegenstände ist von der Haftung frei. Fehlt es an einer der Voraussetzungen für das Geschäft, so haftet der Darlehnsnehmer wie aus einem gewöhnlichen Kreditgeschäfte. — Zu den bestimmten Handelsgeschäften gehört es nicht, weil es nicht den Gegenstand eines Handelsgewerbes bilden kann.

§ 36. Der Versicherungsvertrag.

1. **Geschichtliches.** Die moderne Versicherung gegen Prämie hat sich aus dem **foenus nauticum**, aber erst um die Wende des 13. und

[1]) Von Boden, d. h. Schiffsboden, Kiel.

14. Jahrhunderts in Italien,[1]) später in Deutschland als Seeversicherung an den Küsten der Nordsee, entwickelt. Reichsgesetzlich geregelt ist nur die Versicherung gegen die Gefahren der Seeschiffahrt (im alten HGB und in §§ 778—900 des neuen HGB). Im übrigen ist unser heutiges Versicherungsrecht partikulares oder Gewohnheitsrecht und besteht als Landesrecht fort (Art. 75 EG z. BGB). Doch hat die reichsgesetzliche Regelung des Versicherungswesens einen wichtigen Fortschritt gemacht durch das Gesetz vom 12. Mai 1901 über die privaten Versicherungsunternehmungen.[2]) Dieses Gesetz unterstellt Privatunternehmungen, welche den Betrieb von Versicherungsgeschäften zum Gegenstande haben, einer staatlichen Beaufsichtigung. Daher enthält das Gesetz überwiegend Verwaltungsrechtsnormen und nur zu einem geringen Teile Privatrecht.

2. **Begriff.** Durch den Versicherungsvertrag verpflichtet sich der eine Teil zu einer festbestimmten Vermögensleistung, der andere zur Deckung einer noch ungewissen Vermögenseinbuße oder gewisser Aufwendungen. Immer ist der Zweck des Vertrags, diejenigen Vermögensschwierigkeiten zu beseitigen oder zu erleichtern, die durch ein noch ungewisses oder von den Parteien mit Bestimmtheit erwartetes Ereignis verursacht werden können. Die Vertragsparteien heißen Versicherer und Versicherungsnehmer; letzterer ist nicht immer auch der Versicherte, d. h. der, dem die Versicherungssumme zufallen soll.

Der Versicherungsvertrag kommt in zwei Formen vor:

a) Die Versicherung gegen Prämie besteht darin, daß der Versicherer gegen eine von vornherein bestimmte Gegenleistung die Deckung des den Versicherten möglicherweise treffenden Schadens übernimmt. Hier ist nur der eine Kontrahent versichert, der andere ist ausschließlich Versicherer. Der erstere hat die Prämie auf einmal oder jährlich in fest bestimmten Beträgen zu zahlen, auch wenn ihn niemals der versicherte Schaden trifft. Dagegen hat der Versicherer den Schadensbetrag zu zahlen, auch wenn dieser die gezahlte Prämie bei weitem übersteigt. Das Geschäft ist daher ein gewagtes; es gehört zu den Grundhandelsgeschäften (§ 1³ HGB).

b) Die Versicherung auf Gegenseitigkeit besteht darin, daß die sämtlichen Kontrahenten — und deren sind meistens eine große Anzahl — sich gegenseitig verpflichten, demjenigen von ihnen, der einen gewissen Schaden erleiden wird, diesen Schaden zu ersetzen, so daß jeder einzelne von ihnen zugleich Versicherer und Versicherter ist. Die zur Aufbringung der Schadensersatzsummen notwendigen Gelder werden

[1]) Goldschmidt: Universalgeschichte des Handelsrechts. 1891. S. 355.
[2]) Eine reichsgesetzliche Normierung des Versicherungsrechts steht bevor.

durch Beiträge der einzelnen aufgebracht. Die Beitragspflicht hängt aber nach Dasein und Höhe von dem Eintritt und der Höhe des Schadens ab. Dieses Geschäft ist nicht Handelsgeschäft. Jetzt gibt das Gesetz vom 12. Mai 1901 (§§ 15ff.) eine Reihe von Bestimmungen über diese Art der Versicherung.

Hier wird nur die Versicherung gegen Prämie behandelt, denn die Versicherung auf Gegenseitigkeit ist ein Gesellschaftsverhältnis.

3. **Gegenstand** der Versicherung kann jede Vermögenseinbuße sein, daher kann nicht bloß gegen Feuer- und Wassergefahr, gegen Hagelschlag und Viehsterben, sondern auch gegen diejenigen pekuniären Schwierigkeiten, die durch Herabminderung der Erwerbsfähigkeit wie durch die Notwendigkeit großer Aufwendungen (z. B. zum Zwecke der Gewährung einer Aussteuer) verursacht werden, eine wahre Versicherung genommen werden. Man hat mithin nicht nötig, die Lebens- und Aussteuerversicherung als aleatorisches Darlehn oder als Hinterlegungsvertrag zu bezeichnen. Diese Auffassung übersieht, daß die Versicherungssumme in den meisten Fällen der Summe der Prämien durchaus nicht entspricht (RG 3, 104ff., 24, 295).

Die Sachversicherung hat nur den Zweck, den tatsächlich an der Sache entstandenen Schaden zu decken und begründet keine weitergehende Verpflichtung, daher bildet die im Vertrage festgesetzte Versicherungssumme nur den Höchstbetrag der Verpflichtung des Versicherers. Deshalb ist die Überversicherung wie die Doppelversicherung auf die den wahren Wert der Sache übersteigende Summe nichtig (vgl. §§ 786—788 HGB). Bei der Lebens- und Aussteuerversicherung, die beide in sehr verschiedenen Gestalten vorkommen, unterliegt das Urteil darüber, welche Summe zu decken sein wird, der freien Schätzung des Versicherungsnehmers, die Versicherungssumme also der freien Vereinbarung der Parteien. Ist in einem auf den Todesfall gestellten Lebensversicherungsvertrage der Versicherte nicht bezeichnet, so ist der Versicherungsnehmer zwar nicht der Empfangs-, wohl aber der Forderungsberechtigte, die Versicherungssumme gehört also zum Nachlaß; dasselbe muß angenommen werden, wenn als Empfangsberechtigte schlechthin die Erben bezeichnet sind; ist dagegen eine bestimmte Person als Versicherter bezeichnet, so hat diese nach altem und neuem Recht (§ 330 BGB) nicht ein abgeleitetes, sondern ein ursprüngliches Recht, die Versicherungssumme gehört also nicht zum Nachlaß (RG 32, 162).

4. **Abschluß und Wirkungen.** Der Vertrag ist zwar formfrei, doch ist es üblich, ihn schriftlich zu schließen. Die Urkunde heißt Police. Sie kann bei der Sachversicherung an Order gestellt werden.

Der Versicherungsnehmer hat durch Zahlung der Prämie vorzuleisten, in den sog. Versicherungsbedingungen aber werden ihm regelmäßig noch weitere Verpflichtungen auferlegt, die einen Teil der Vorleistung bilden.

Da der Versicherungsvertrag ein gewagtes Geschäft ist, erfordert er besondere Redlichkeit in der Angabe derjenigen Umstände, die für den Versicherer von Wichtigkeit sein können (z. B. einer Krankheitsanlage bei der Lebensversicherung), und der Vertrag ist regelmäßig anfechtbar, wenn gegen diese Pflicht gefehlt ist.

Durch die sog. Rückversicherung kann sich der Versicherer gegen denjenigen Schaden versichern, den er selbst durch Zahlung der Versicherungssumme erleiden könnte. Häufig erfolgt die Rückversicherung im Wege des sog. Exzedentenvertrags, durch den der Rückversicherer die Zahlung der einen gewissen Betrag überschreitenden Versicherungssumme ganz oder zum Teil übernimmt.

Ristorno ist die Zurückforderung oder Einbehaltung der ganzen oder eines Teils der Prämie, wenn der versicherte Gegenstand derjenigen Gefahr, gegen die er versichert ist, nicht ausgesetzt wird (§ 894 HGB), Abandon die Hingabe der versicherten Sache an den Versicherer gegen Zahlung des vollen Betrages der Versicherungssumme (§§ 861 ff. HGB).

§ 37. Der Garantievertrag.

Ein der Bürgschaft ähnliches Geschäft ist der Garantievertrag. Durch diesen übernimmt der eine Teil die Verpflichtung, dem anderen diejenigen Vorteile zu gewähren, die dieser aus einem gewissen Unternehmen zu ziehen hofft. Dieses Geschäft kommt am häufigsten in der Gestalt vor, daß der Staat oder eine öffentlich-rechtliche Körperschaft einer gemeinnützigen Aktiengesellschaft einen bestimmten Ertrag gewährleistet (vgl. § 180 HGB). Der Garantievertrag begründet eine einseitige, von einer Gegenleistung unabhängige Verpflichtung. Bürgschaft und Versicherung wollen Schutz gegen ein dem Vermögen von außen her drohendes Ereignis gewähren, der Garantievertrag aber will gegen eine im Unternehmen selbst liegende Gefahr sichern. Weder das bisherige noch das neue Recht enthalten Bestimmungen über den Garantievertrag.

§ 38. Der Verlagsvertrag.

I. **Übersicht.** Das Verlagsrecht ist ein Institut des modernen Rechts und verdankt seine Ausbildung in Deutschland dem Gewohnheitsrecht und der Landesgesetzgebung (z. B. preuß. Allg. Landrecht I 11 §§ 996 ff.). Obwohl die gewerbsmäßige Vornahme von Verlagsgeschäften nach dem früheren (Art. 272 Nr. 5) wie nach dem jetzigen HGB (§ 1 Nr. 8) ein Handelsgewerbe bildet, den Verleger also zum

Kaufmann macht, hatte sich das HGB der gesetzlichen Regelung der aus dem Verlagsvertrag entstehenden Rechtsverhältnisse enthalten, und auch das BGB ließ die landesgesetzlichen Vorschriften über das Verlagsrecht unberührt (Art. 76 EG). Durch Gesetz vom 19. Juni 1901 aber ist es reichsgesetzlich geregelt. Dieses Gesetz behandelt nur den Verlagsvertrag über ein Werk der Literatur oder der Tonkunst, wird aber auf den Verlag von Werken der bildenden Kunst entsprechende Anwendung finden dürfen.

II. **Begriff.** Der Verlagsvertrag besteht in der Überlassung des Urheberrechts der Ausübung nach und verpflichtet den Verfasser, dem Verleger das Werk zur Vervielfältigung und Verbreitung für eigene Rechnung zu überlassen, den Verleger, das Werk zu vervielfältigen und zu verbreiten.

Erfolgt der Verlag auf den Namen und für Rechnung des Urhebers, so spricht man von Selbstverlag, und ein Verlagsvertrag wird also nicht geschlossen; geschieht er auf den Namen des Verlegers, aber für Rechnung des Urhebers, so spricht man von Kommissionsverlag.

III. **Rechtsverhältnisse.** Daß der Verleger an den Urheber eine Vergütung zahle, ist dem Verlagsvertrage nicht wesentlich (§ 22). Schon aus diesem Grunde darf man den Verlagsvertrag nicht als Kauf bezeichnen. Da er regelmäßig auch nicht auf eine Teilung von Gewinn und Verlust gerichtet ist, fällt er nicht unter den Begriff des Gesellschaftsvertrags: er ist ein dem Werkvertrag am nächsten stehendes eigenartiges Geschäft.

Der Urheber ist zur Herstellung und Übergabe des zu verlegenden Werkes verpflichtet. Die Verpflichtung zur Herstellung des Werkes ist eine höchstpersönliche, die Erben haben nur die Pflicht, das etwa schon fertiggestellte Werk zu übergeben. Ähnliches gilt, wenn das Werk begonnen, seine Vollendung aber infolge eines vom Verfasser nicht zu vertretenden Umstandes unmöglich geworden ist (§ 34). Auch steht bis zum Beginne der Vervielfältigung dem Verfasser das Recht zu, gegen Entschädigung des Verlegers wegen der bereits gemachten Aufwendungen vom Vertrage zurückzutreten, wenn Umstände eintreten, die ihn von der Herausgabe des Werkes abgehalten haben würden (§ 35).

Die Ablieferung des Werks (in einem für die Vervielfältigung geeigneten Zustande) muß rechtzeitig erfolgen, d. h. wenn das Werk fertig ist, sofort; wenn es hergestellt werden soll, in einer dem Zwecke des Werkes entsprechenden, schließlich in einer für die Verhältnisse des Verfassers angemessenen Frist (§ 11). Hält er die Frist nicht ein, so steht dem Verleger der meistens undurchführbare Anspruch auf

Erfüllung zu (vgl. §§ 888, 893 ZPO); statt dieses Rechtes kann er von der Befugnis der Fristsetzung Gebrauch machen und im Falle der Nichteinhaltung der Frist vom Vertrage zurücktreten. Stellt sich die Nichteinhaltung der Ablieferungsfrist als Verzug dar, so kann der Verleger die ihm für diesen Fall nach allgemeinen Grundsätzen zustehenden Rechte geltend machen, also insbesondere Schadensersatz wegen Nichterfüllung (§ 326 BGB) oder wegen verspäteter Erfüllung verlangen (§ 286).

Endlich hat der Verfasser die Pflicht, seinerseits jede Vervielfältigung und Verbreitung des Werkes zu unterlassen, eine Pflicht, die mehreren Beschränkungen unterliegt.

Ihr entspricht die dem Verfasser gegenüber bestehende vertragsmäßige Verpflichtung des Verlegers, das Werk in der zweckentsprechenden und üblichen Weise zu vervielfältigen und zu verbreiten, damit aber auch bald nach der Ablieferung des Werkes zu beginnen, für die Korrektur zu sorgen und die vereinbarte Vergütung zu zahlen. Die Vereinbarung braucht keine ausdrückliche zu sein.

IV. Die Ablieferung des Werkes an den Verleger gewährt diesem das **Verlagsrecht**, es besteht in dem ausschließlichen Rechte des Verlegers zur Vervielfältigung und Verbreitung des Werkes und wirkt nicht nur gegen den Verfasser, sondern auch gegen Dritte. Denn da es aus dem Urheberrecht abgeleitet ist, teilt es die rechtliche Natur dieses als eines absoluten Rechts. Es ist grundsätzlich übertragbar.

V. Der Verlagsvertrag **endet**, wenn er auf eine bestimmte Zahl von Auflagen oder Abzügen geschlossen ist, sobald diese vergriffen sind, woraus zugleich folgt, daß der Vertrag an sich alle etwaigen Auflagen umfaßt. Der Vertrag endet ferner mit Ablauf der festgesetzten Zeit und mit dem von dem einen oder andern Teile erklärten Rücktritt. Der Verleger hat ein Kündigungsrecht, wenn der Zweck des Werkes nach dem Vertragsabschlusse wegfällt. Doch behält in diesem Falle der Verfasser den Anspruch auf die Vergütung.

§ 39. Der Rechtsschutz gegen unlauteren Wettbewerb.

Wo der Freiheit des einen in der Ausübung einer wirtschaftlichen Tätigkeit nicht eine Einschränkung des andern entspricht, die Freiheit jenes also nicht zu einem Untersagungsrechte gestaltet ist, muß ein jeder die Ausübung derselben Erwerbstätigkeit durch einen anderen (den freien Wettbewerb) dulden. Dagegen ist er nach den durch Mißbräuche der Gewerbefreiheit gezeitigten modernen Anschauungen, die zuerst in der Praxis französischer und englisch-amerikanischer Gerichte Ausdruck gefunden haben, befugt, unlauterem Wettbewerb entgegenzutreten. Das RGes. vom 27. Mai 1896 trägt diesen Anschauungen

Rechnung und macht damit die Befugnis, eine unlautere Konkurrenz mit den Mitteln des Privatrechts zu bekämpfen, zu einem besonderen, absoluten Persönlichkeitsrechte. Das Gesetz schützt deshalb nicht das kaufende Publikum, sondern die verkaufenden Gewerbetreibenden; es schützt nicht gegen rechtswidrige, sondern gegen unlautere Handlungen, denn gegen Rechtswidrigkeiten gewährte das frühere und gewährt das heutige Recht genügenden Schutz. Das Gesetz erhebt damit den Begriff des unlauteren Wettbewerbs zu einem Rechtsbegriffe, gibt aber keine Begriffsbestimmung, sondern hebt in kasuistischer Weise die am häufigsten vorkommenden Fälle unlauteren Wettbewerbs hervor. Diese ergeben, daß das Gesetz unter unlauterem Wettbewerb jedes gegen Treu und Glauben verstoßende Unternehmen gegen die Absatzverhältnisse von anderen Gewerbetreibenden verstanden wissen will. Es stellt unter Strafe nur die Fälle von größerer Gemeingefährlichkeit und sucht im übrigen den erforderlichen Schutz mit den Mitteln des Privatrechts zu gewähren, indem es überall einen Anspruch auf Ersatz des eingetretenen Schadens und einen Anspruch auf Unterlassung der schädigenden Handlung gewährt. Diese Ansprüche bestehen auch in den unter Strafe gestellten Fällen, auch kann bei ihnen auf eine Buße bis zum Betrage von 10000 Mark erkannt werden (§ 14). Vom Tatbestande des Betruges unterscheidet sich der unlautere Wettbewerb dadurch, daß zum letzteren die Möglichkeit der Schädigung ausreicht, ersterer die Tatsache des eingetretenen Schadens voraussetzt.

Das Gesetz geht davon aus, daß ein Unternehmen gegen die Absatzverhältnisse anderer dadurch verübt werden kann, daß man das eigene Angebot günstiger oder das fremde Angebot ungünstiger darstellt, als es in Wahrheit ist. Es richtet sich daher gegen das Reklameunwesen (§§ 1—4) und gegen die Quantitätsverschleierung (§ 5), sowie gegen die Schädigung fremden Kredits (§§ 6, 7). Die Unlauterkeit kann aber auch in der Ausbeutung der gewerblichen Vorteile eines anderen bestehen. Das Gesetz greift heraus den Mißbrauch der Firma oder der sonstigen Bezeichnung des Geschäfts eines andern und die Verletzung von Geschäftsgeheimnissen (§§ 8—10).

I. Der ersten Richtung gehört an:

1. Die Täuschung über das eigene Angebot, wenn sie dadurch begangen wird, daß in öffentlichen Bekanntmachungen oder in Mitteilungen, die für einen größeren Kreis von Personen bestimmt sind, über geschäftliche Verhältnisse unrichtige Angaben tatsächlicher Art gemacht werden, welche geeignet sind, den Anschein eines besonders günstigen Angebots hervorzurufen. Geschäftliche Verhältnisse sind z. B. die Beschaffenheit, die Herstellungsart oder die Preisbemessung von Waren oder gewerblichen Leistungen, die Art des Bezugs oder die

Bezugsquelle von Waren, der Besitz von Auszeichnungen, der Anlaß oder der Zweck des Verkaufs.

Da das Unternehmen gegen alle Konkurrenten gerichtet ist, so steht die Verfolgung der vom Gesetze gewährten Rechte nicht nur jedem einzelnen Gewerbetreibenden zu, der Waren oder Leistungen gleicher oder verwandter Art herstellt oder in den Verkehr bringt, sondern auch Verbänden zur Förderung gewerblicher Interessen, soweit diese Verbände Prozeßfähigkeit besitzen. Ein weitergehendes Interesse braucht der Kläger nicht nachzuweisen, die Klage ist daher eine auf bestimmte Personenkreise beschränkte Popularklage. Der Anspruch ist schon dann begründet, wenn der Beklagte die Unrichtigkeit der Angaben kennen mußte, gegen Redakteure, Verleger, Drucker oder Verbreiter von periodischen Druckschriften aber nur dann, wenn sie die Unrichtigkeit der Angabe kannten. Der Erlaß einstweiliger Verfügungen ist nicht von den in §§ 935, 940 ZPO aufgestellten Voraussetzungen abhängig. Erlaubt ist die Anwendung von Namen, die nach Handelsbrauch zur Benennung gewisser Waren dienen, ohne deren Herkunft bezeichnen zu sollen (z. B. bayerisches Bier).

Als unerlaubte Quantitätsverschleierung behandelt das Gesetz die Zuwiderhandlung gegen die vom Bundesrat zu erlassenden Anordnungen, wonach bestimmte Waren im Einzelverkehre nur in vorgeschriebenen Einheiten der Zahl, der Länge und des Gewichts oder mit einer auf der Ware oder ihrer Aufmachung anzubringenden Angabe über Zahl, Länge oder Gewicht gewerbsmäßig verkauft oder feilgeboten werden dürfen.

2. Eine Herabsetzung fremden Angebots begeht derjenige, der über das Erwerbsgeschäft eines andern, über die Person des Inhabers oder Leiters des Geschäfts, über die Waren oder gewerblichen Leistungen eines andern Behauptungen tatsächlicher Art aufstellt oder verbreitet, welche nicht erweislich wahr, aber geeignet sind, den Betrieb des Geschäfts oder den Kredit des Inhabers zu schädigen. Zur Begründung des Anspruchs, der nur dem Gekränkten zusteht, genügt die Tatsache der verletzenden Behauptung. Aber es wird erfordert, daß die Behauptung zum Zwecke des Wettbewerbs gemacht sei. Der Beklagte kann sich durch den Beweis der Wahrheit oder eines berechtigten Interesses, das der Mitteilende oder der Empfänger der Mitteilung an dieser hatte, schützen.

II. Ausbeutung fremder Vorteile begeht:

1. Derjenige, der im geschäftlichen Verkehr einen Namen, eine Firma oder die besondere Bezeichnung eines Erwerbsgeschäfts (z. B. Gasthaus zum grauen Bären), eines gewerblichen Unternehmens oder einer Druckschrift in einer Weise benutzt, welche darauf berechnet und

geeignet ist, Verwechselungen mit dem Namen, der Firma oder der besonderen Bezeichnung, deren sich ein anderer befugterweise bedient, hervorzurufen;

2. derjenige, der als Angestellter, Arbeiter oder Lehrling eines Geschäftsbetriebs Geschäfts- oder Betriebsgeheimnisse, die ihm vermöge des Dienstverhältnisses anvertraut oder sonst zugänglich geworden sind, während der Geltungsdauer des Dienstverhältnisses unbefugt an andere zu Zwecken des Wettbewerbs oder um dem Inhaber des Betriebs zu schaden, mitteilt, sowie derjenige, der in dieser Weise erlangte Kenntnisse verwertet.

In beiden Fällen also hängt der Anspruch von vorsätzlichem Handeln ab.

Die privatrechtlichen Ansprüche unterliegen einer Verjährung von sechs Monaten, welche mit dem Zeitpunkte der Kenntnis von der Handlung und dem Verpflichteten beginnt, einer Verjährung von drei Jahren aber von der Begehung der Handlung an ohne Rücksicht auf den Zeitpunkt der Kenntnis. Die Verjährung beginnt aber nicht vor dem Zeitpunkt, in welchem ein Schaden entstanden ist.

Das BGB enthält eine Reihe von Sätzen allgemeiner Natur, welche geeignet sind, diejenigen Fälle des vielgestaltigen unlauteren Wettbewerbs zu treffen, welche nicht unter die Vorschriften des oben besprochenen Spezialgesetzes fallen. Hierhin gehört insbesondere § 826, indem er denjenigen zum Schadensersatze verpflichtet, der in einer gegen die guten Sitten verstoßenden Weise einem andern vorsätzlich Schaden zufügt; ferner § 823, der eine Ersatzpflicht dem auferlegt, der schuldhafterweise und widerrechtlich einen andern schädigt, da ein Persönlichkeitsrecht auf Unterlassung unlauterer Wettbewerbsmittel besteht; ferner § 824, der inhaltlich mit der Bestimmung des Spezialgesetzes über die Kreditschädigung übereinstimmt, § 12, der dem Mißbrauch eines fremden Namens entgegentreten will, und § 37 HGB, der vom Firmenmißbrauch handelt.

Viertes Buch: Geld, Wertpapier, Wechsel.

§ 40. Das Geld.

Im wirtschaftlichen Sinne ist Geld eine jede Sache, die vom Verkehr als allgemeines Tauschmittel und allgemeiner Wertmesser behandelt wird.[1]) Im Rechtssinn ist Geld nur diejenige Sache, die vom Staate als allgemeines Tauschmittel und allgemeiner Wertmesser erklärt wird. Denn dadurch, daß der Staat einer bestimmten Sache jene Eigenschaft verleiht, verlangt er, daß die Sache zu dem Werte gegeben und genommen werde, den er selbst ihr beilegt. Dadurch wird jene Sache allgemeines Zahlungsmittel und allgemeines Ersatzmittel (vgl. §§ 251, 847, 1300 BGB). Nur das vom Staat anerkannte Geld hat „Währung".

Der Staat kann einem an sich wertvollen Gegenstande die Eigenschaft des Geldes beilegen. Seit Jahrhunderten wird hierzu Edelmetall gewählt. Er kann aber auch einem an sich wertlosen oder minder wertvollen Gegenstande Geldeigenschaft geben. Dann entstehen Geldzeichen. Heute unterscheidet man Metallgeld und Papiergeld.

1. Das Metallgeld besteht aus Barren[2]) oder Stücken an sich wertvollen Stoffes, Münzen. Das deutsche Münzwesen (Art. 4 [3] RV) beruht auf dem Gesetze vom 4. 12. 71 über die Ausprägung von Goldmünzen und dem Münzgesetze vom 9. 7. 73. Nach diesen Gesetzen sind nur Goldmünzen Zahlungsmittel, es besteht daher Goldwährung mit der Maßgabe, daß den Talerstücken die Eigenschaft als Zahlungsmittel belassen war.[3]) Reichssilbermünzen, Nickel- und Kupfermünzen dienen als Zahlungsmittel nur für geringfügige Beträge und ferner als Ausgleichsmittel der in Gold nicht zahlbaren Restbeträge.

---

[1]) Diese Auffassung vom Wesen des Geldes ist schon von dem römischen Juristen Paulus in der l. 1 D. 18,1 ausgesprochen (Oertmann: Die Volkswirtschaftslehre des corpus juris. 1891).

[2]) Barren kommen im gewöhnlichen Verkehre nicht mehr vor, weil sie nicht als gesetzliches Zahlungsmittel anerkannt sind.

[3]) Sie ist ihnen jetzt (seit 1. 10. 07) genommen. Die Reichswährung ist also einfache Währung: es ist nur den Goldmünzen (mit Ausnahme der Talerstücke) die Eigenschaft des Zahlungsmittels beigelegt. Die sog. Doppelwährung besteht in der unbeschränkten Zulassung sowohl der Gold- als der Silbermünzen. Die Doppelwährung verlangt gesetzliche Festsetzung des Preisverhältnisses zwischen Silber und Gold.

Man nennt sie Scheidemünze (Art. 3 Gesetz vom 9. 7. 73), d. h. Münze mit nur relativer Geldkraft, weil sie nicht für alle Zahlungen Geldkraft hat. Als Zahlungsmittel brauchen nämlich im Verkehr unter Privatleuten (denn Zahlungen an die Reichs- und Landeskassen sind ausgenommen) Silbermünzen nur bis zum Betrage von 20 Mark, Nickel- und Kupfermünzen nur bis zum Betrage von 1 Mark angenommen zu werden. Die Verpflichtung zur Annahme enthält aber nicht bloß die Pflicht zur Annahme des Münzstückes, sondern auch zur Annahme des Stückes zum Nennwerte, d. i. dem vom Staate der Münze beigelegten Zahlungswerte. Daneben gibt es einen inneren oder Metallwert, d. h. den Tauschwert des in der Münze enthaltenen Metalls, und den Verkehrs- oder Kurswert, d. h. den Wert, welcher der Münze im Verkehr (z. B. im Auslande) dort beigelegt wird, wo das Geld als Ware, nicht als gesetzliches Zahlungsmittel in Betracht kommt. Dieser ist gleich dem Quantum edlen Metalls, das gegen eine bestimmte Anzahl Münzen zu erlangen ist.

In allen gerichtlich oder notariell aufgenommenen Urkunden, welche auf einen Geldbetrag lauten, und in allen zu einem Geldbetrage verurteilenden gerichtlichen Entscheidungen ist dieser Geldbetrag in Reichswährung auszudrücken, wenn für ihn ein bestimmtes Verhältnis zur Reichswährung gesetzlich feststeht (§ 4 Münzgesetz).

Ist unter den Kontrahenten eine Bestimmung über die Münzsorte einer zu leistenden Zahlung nicht getroffen, so erfolgt die Zahlung in der am Orte der Zahlung gangbaren Sorte. Demnach sind Zahlungen innerhalb des Deutschen Reichs in Reichswährung zu leisten (§ 244 BGB).

2. Zu den Geldzeichen gehört das **Papiergeld.** Im allgemeinen versteht man darunter papierne Geldzeichen, die vom Staate als gesetzliche Zahlungsmittel anerkannt werden, in einem engeren Sinne nur die papiernen Geldzeichen, die vom Staate selbst ausgegeben werden, und im engsten und eigentlichen Sinne nur diejenigen vom Staate ausgegebenen Geldzeichen, welche mit Zwangskurs versehen sind, d. h. zu dem vom Staat angegebenen Werte (also dem Nennwert) angenommen werden müssen.

Im Deutschen Reiche gibt es eigentliches Papiergeld nicht. Das Gesetz vom 30. 4. 74 ordnet die Ausgabe sog. Reichskassenscheine an, welche von den öffentlichen Kassen als Zahlungsmittel angenommen und gegen Gold eingelöst werden müssen, von Privaten aber nicht in Zahlung genommen zu werden brauchen.

Man mag sie Wertpapiere nennen und als Zahlungsversprechen des Deutschen Reiches bezeichnen, sicher sind sie ein freies, d. h. vom Verkehre gewolltes Zahlungsmittel und stehen daher dem Gelde gleich. Die Erfüllung einer Geldschuld durch Hingabe von Reichskassenscheinen ist daher Zahlung, nicht Hingabe an Zahlungsstatt. Sie stellen die sog. unverzinsliche Staatsschuld dar im Gegensatz zu der verzinslichen, welche durch Ausgabe von Reichsanleihescheinen begründet wird. Zu unterscheiden von diesen wie von den Reichskassenscheinen sind die Banknoten. Dies sind auf den Inhaber lautende Schuldversprechungen der mit dem Notenprivilegium ausgestatteten Banken, bei uns vorzugsweise der Reichsbank. Die Banknoten dienen zur Vermehrung der Umlaufsmittel und zur Verwendung bei Zahlungen. Eine Annahmepflicht besteht aber nur für die Bank, die sie ausgegeben hat. Sie sind also nicht gesetzliche Zahlungsmittel, doch sieht auch sie der Verkehr als Geldzeichen an, so daß wer eine Schuld von 100 Mark mit einem Hundertmarkschein tilgt, zahlt, nicht an Zahlungsstatt gibt.

3. Geld und Geldzeichen sind verbrauchbare Sachen und können zur Ware werden. Sie unterliegen dem Mobiliarsachenrecht. Wer daher einem andern eigenes Geld übergibt und mit ihm einig ist, daß dieser Eigentum am Gelde haben soll, überträgt Eigentum (§ 929 BGB). Wer fremdes Geld hingibt in derselben Absicht, überträgt Eigentum, wenn der Empfänger ihn ohne grobes Verschulden für den Eigentümer hält (§ 932), selbst wenn das Geld gestohlen war (§ 935). Andernfalls wird der Empfänger durch die Vermengung Eigentümer (§ 948).

§ 41. Die Wertpapiere.[1])

1. Eine besondere Art der Urkunden sind die **Wertpapiere.** Denn das Wertpapier ist „Träger" des beurkundeten Rechts, d. h. es ist eine Urkunde über ein Recht, dessen Verwertung durch die Urkunde privatrechtlich bedingt ist,[2]) so daß sowohl die Ausübung als auch die Übertragung des verbrieften Rechts vom Besitze des Papiers abhängt. Folgt die Beweisurkunde dem verbrieften Recht, so folgt das in dem Wertpapiere verbriefte Recht diesem.

2. Die zahlreichen Arten der Wertpapiere unterliegen den verschiedensten **Einteilungs**gründen.

Auf die Art des in ihnen verbrieften Rechtes sieht man, wenn man von personenrechtlichen, sachenrechtlichen und obligationenrechtlichen Wertpapieren spricht. Die sachenrechtlichen Papiere verbriefen wie der Hypotheken- und der Grundschuldbrief ein Recht an einer unbeweglichen oder wie das Konnossement und der Ladeschein ein Recht an einer be-

---

[1]) Es ist eine sehr umfangreiche Literatur vorhanden, die bei Gierke DP II S. 103 angeführt ist. Die neueste Monographie ist von Jacobi: Die Wertpapiere im bürgerlichen Recht des Deutschen Reichs. Jena. 1901.

[2]) Brunner in Endemanns Handbuch des Handelsrechts II § 191. Ebenso: Gareis, Lehrbuch des Handelsrechts § 76 III. Jacobi: Die Wertpapiere im bürgerlichen Recht des Deutschen Reichs. 1901. Gierke: DP II S. 105.

weglichen Sache. Letztere nennt man auch Dispositionspapiere, weil man mittels des Papieres über eine Sache verfügt, oder Traditionspapiere,[1]) weil man regelmäßig mit der Übergabe des Papiers die Sache übergibt, die mittels des Papiers beherrscht wird. Obligationenrechtliche Papiere verkörpern ein Forderungsrecht, das einen so verschiedenartigen Inhalt haben kann, als ihn Forderungsrechte nur überhaupt haben können. Die personenrechtlichen Papiere verbriefen Mitgliedschaftsrechte wie die Aktien, die Kuxe.

Man hat ferner[2]) für diejenigen Wertpapiere, welche für das in ihnen verbriefte Recht ausschließlich die geschriebenen Worte maßgebend sein lassen, die Bezeichnung skripturrechtliche Wertpapiere angenommen. Es gehören zu ihnen die Inhaberpapiere und von Orderpapieren jedenfalls der Wechsel, aber sie fallen nicht zusammen mit den abstrakten Wertpapieren, d. h. denjenigen, die eine abstrakte Verbindlichkeit verbriefen, wie z. B. der Wechsel. So sind Konnossemente, Ladescheine, Lagerscheine, Bodmereibriefe skripturrechtliche, aber nicht abstrakte Wertpapiere. Die Eigentümlichkeit der ersteren besteht darin, daß für den Umfang des Rechtserwerbs des redlichen Erwerbers der Wortlaut der Schrift entscheidend ist.

Endlich sind Präsentationspapiere diejenigen, deren Vorlegung an den Schuldner zur Ausübung des in ihnen verkörperten Rechtes notwendig ist. Hierher gehören die Inhaberpapiere, da der Schuldner vor der Vorlegung nicht weiß, wer sein Gläubiger ist, ebenso gehört hierher der Wechsel, wenn nicht die Vorlegungspflicht durch einen besonderen Vermerk ausgeschlossen ist.

Die gebräuchlichste Einteilung der Wertpapiere ist die nach der Art, den Berechtigten zu bestimmen, in Rekta-, Inhaber- und Orderpapiere.

a) **Rektapapier** ist dasjenige, in dem eine bestimmte Person als berechtigt bezeichnet ist. Die Folge davon ist die, daß das Papier niemals durch bloße Übergabe übertragen werden kann, daß es vielmehr zur Übertragung noch einer Willenserklärung bedarf, durch welche das Recht aus dem Papier abgetreten wird. Sie stehen am nächsten den bloßen Beweisurkunden, unterscheiden sich von ihnen aber dadurch, daß das Recht aus dem Rektapapiere von dem Besitze des Papiers abhängig ist. Daher sind der Hypothekenbrief und der nicht auf den Inhaber lautende Grundschuldbrief Rekta-Wertpapiere, weil das Verfügungsrecht über die Forderung vom Besitze des Briefes abhängt (§§ 1117, 1163, 1154, 1274, 1160 BGB).

---

[1]) Siehe Heymann: Die dingliche Wirkung der handelsrechtlichen Traditionspapiere. 1905.

[2]) Jacobi: Die Wertpapiere S. 166ff. Gierke DP II S. 124ff.

b) Ein **Orderpapier** ist dasjenige, in dem sich der Schuldner einer bestimmten und zugleich derjenigen Person verpflichtet, die das Papier durch Indossament (Giro) erwerben wird. Der Unterschied dieser Papiere von den Namenspapieren besteht demnach in der ihnen eigentümlichen Übertragungsform, der Indossabilität. Das Indossament bewirkt keine Rechtsnachfolge in das Forderungsrecht, sondern eine selbständige Entstehung des im Papiere verbrieften Rechts in der Person des Indossatars. Nur der Wechsel, die Namensaktie und der Interimsschein (§ 223 HGB) sind an sich Orderpapiere, es bedarf daher zur Entziehung dieser Eigenschaft (Schaffung eines Rektawechsels) eines in den Wechsel oder die Aktie aufzunehmenden Vermerks (nicht an Order, Art. 9, 13 WO); andere Papiere können an Order gestellt werden, wenn das Gesetz die Orderklausel ausdrücklich gestattet, andernfalls sind sie Rektapapiere. Es sind dies Anweisungen und Verpflichtungsscheine der Kaufleute, sofern das Papier über eine Leistung von Geld oder eine Quantität vertretbarer Sachen oder Wertpapiere ausgestellt und die Verpflichtung zur Leistung nicht von einer Gegenleistung abhängig gemacht ist, ferner das Konnossement, der Ladeschein, der über Waren oder andere bewegliche Sachen von einer zur Ausstellung solcher Urkunden staatlich ermächtigten Anstalt oder einem Lagerhalter ausgestellte Lagerschein, Bodmereibriefe, Transportversicherungspolicen (§§ 363, 424 HGB, § 71 Binnenschiffahrtsgesetz vom 15. 6. 95). Das wichtigste Orderpapier ist der Wechsel. Von ihm wird besonders gehandelt.

Desgleichen soll über das Inhaberpapier besonders gehandelt werden.

§ 42. Das Inhaberpapier.[1])

1. **Begriff und Geschichte.** Das Inhaberpapier (vom BGB Schuldverschreibung auf den Inhaber genannt) ist eine Urkunde, in welcher sich der Aussteller zu einer Leistung an den jeweiligen Besitzer (Inhaber) der Urkunde verpflichtet. Es ist dem römischen Rechte fremd, denn es widerspricht der römischen Auffassung von der obligatio, doch ist es schon dem longobardischen Rechte des 9. Jahrhunderts bekannt und hat sich zuerst in den Statutarrechten Italiens entwickelt, aber erst in neuerer Zeit, namentlich im 18. Jahrhundert, ausgestaltet. Es kamen Papiere mit alternativer Inhaberklausel (daß zu leisten sei an eine bestimmte Person oder den Inhaber) oder mit reiner Inhaberklausel vor. Jedenfalls verdankt dieses Papier seine Entstehung dem wirtschaftlichen Bedürfnis nach

---

[1]) Die Literatur ist sehr zahlreich, neuestens Jacobi: Die Wertpapiere S. 355 ff. Gierke DP II S. 155 ff.

Herstellung von Schuldverschreibungen ohne die für den Schuldner bestehende Nötigung, die Berechtigung des Papierinhabers zur Erhebung der versprochenen Leistung zu prüfen. Das Inhaberpapier hat eine noch größere Umlaufsfähigkeit als der Wechsel, es ist für den Verkehr Sache, im Verhältnis von Gläubiger und Schuldner aber bleibt es eine Urkunde über eine gegen den Aussteller zustehende Forderung.

Die Regelung des Instituts unterlag bisher dem Gewohnheitsrecht und dem Partikularrecht, und nur in einzelnen Beziehungen griff das Reichsrecht ein (Art. 307 HGB a. F. Gesetz vom 8. 6. 71). Das BGB hat in den §§ 793—808 die wichtigsten Grundsätze aufgestellt, in den Art. 98—102 des EG indessen mehrere Vorbehalte für die Landesgesetzgebung gemacht.

2. Während der Wechsel stets eine abstrakte Obligation begründet, besteht eine solche Einschränkung für das Inhaberpapier weder nach altem noch nach neuem Recht (§ 793). Gleichwohl ist das **Einrederecht** nach neuem Recht in ähnlicher Weise **beschränkt** wie beim Wechsel (§ 796); da jedoch die aus der Urkunde selbst sich ergebenden Einwendungen zugelassen sind, so ist ein Zurückgehen auf die **causa debendi** dann ermöglicht, wenn die Urkunde die Stipulationen des zugrunde liegenden Geschäfts wiedergibt.

3. Zweifellos kann die Verpflichtung aus dem Inhaberpapiere durch einen zwischen dem Aussteller und dem Nehmer des Papiers geschlossenen Vertrag (den sog. Begebungsvertrag) **entstehen.** Das BGB (§ 794) sagt aber, daß der Aussteller auch dann verpflichtet wird, wenn das Papier ohne oder gegen seinen Willen in den Verkehr kommt; es bedarf also eines Vertrages nicht, die Verpflichtung aus dem Papier entsteht vielmehr mit dem einseitigen Akte der Niederschrift. Eingeschränkt wird die hiermit anerkannte Kreationstheorie aber durch den selbstverständlichen Satz, daß die Verpflichtung nur dem redlichen Erwerber des Papiers gegenüber entsteht. Daher erwirbt auch jeder spätere Erwerber des Papiers das Recht aus diesem Papiere nicht vom Veräußerer, sondern unmittelbar vom Aussteller, das Recht entsteht also in jedem Erwerber von neuem. Und der Aussteller oder sein Erbe haftet, wenn das Papier nach Eintritt der Geschäftsunfähigkeit oder nach dem Tode des Ausstellers ausgegeben („emittiert") wird.

Kreationstheorie und Vertragstheorie sind trotz der soeben erwähnten Bestimmung des § 794 BGB Gegenstand einer Streitfrage.

Die Kreationstheorie hält den einseitigen Akt der Ausstellung, d. h. der Niederschrift und Unterzeichnung, die **Kreation,** für ausreichend, die Verpflichtung des Ausstellers jedem redlichen Erwerber des Papieres gegenüber zu begründen, d. h. das Papier zum Wertpapier zu machen. Die Vertragstheorie läßt eine Verpflichtung des Ausstellers erst mit der Begebung, d. h. mit der Übergabe des Papiers durch den Aussteller entstehen. Erst in dem Geben und Nehmen des Papieres liege eine Willensäußerung, durch welche der Aussteller sein Versprechen „in die Außenwelt" entlasse.

Die Vertragstheorie übersieht, daß schon in der Schaffung des Wertpapiers eine Willensbetätigung des Ausstellers enthalten ist, und greift gegenüber der Bestimmung des § 794: „Der Aussteller wird aus einer Schuldverschreibung auf den Inhaber auch dann verpflichtet, wenn sie ihm gestohlen worden oder verloren gegangen, oder wenn sie sonst ohne seinen Willen in den Verkehr gelangt ist", zu der unjuristischen Erklärung, der Schöpfer eines Papieres handele bei der Herstellung eines Papieres auf seine Gefahr und hafte für den durch seine Handlungsweise verursachten Schaden.

Gleichwohl kann die Kreationstheorie nur mit der Beschränkung anerkannt werden, daß zu der Schaffung des Papiers durch den Aussteller der Erwerb der Urkunde durch einen redlichen Erwerber hinzutreten muß, um für diesen ein Recht aus dem Papiere zu begründen. Insoweit ist sie vom BGB § 794 für Inhaberpapiere anerkannt und muß sie auch für Orderpapiere gelten (RG 9, 56; 24, 87).

Solange also der Aussteller im Besitze des Papieres bleibt, ist er dessen Eigentümer und hat keinen Gläubiger. So wenig für ihn ein rechtlicher Zwang bestand, das Papier zu schaffen, so wenig ist er verpflichtet, den von ihm erschaffenen Wertgegenstand zu verwerten, er kann also das Papier vernichten, bevor er es ausgibt. Die Ausgabe (Emission) hat deshalb nur die Bedeutung, daß er den Nehmer zum Eigentümer macht und also selbst das Verfügungsrecht aufgibt. Aber auch wenn das Papier ohne oder gegen seinen Willen in den Verkehr kommt, ist sein Verfügungsrecht jedenfalls gegenüber dem redlichen Erwerber und also Eigentümer des Papiers aufgehoben, folglich seine Leistungspflicht begründet.

4. Auch beim Inhaberpapier ist zu unterscheiden zwischen Rechts**erwerb** und bloßem Rechtsausweis. Das Recht aus dem Papier erwirbt nur derjenige, welcher das Verfügungsrecht über das Papier erlangt, d. h. derjenige, welcher das Papier in gutem Glauben erwirbt und daher dessen Eigentümer wird (§§ 793, 932—935). Diesem gegenüber ist der Aussteller zur Zahlung verpflichtet. Aber auch der nicht verfügungsberechtigte Inhaber des Papiers ist zur Erhebung der Leistung legitimiert, der Aussteller ist ihm gegenüber zur Zahlung berechtigt, er wird also durch Zahlung an den bloßen Inhaber befreit. Insoweit ist das Inhaberpapier auch Legitimationspapier.

Den Gefahren, die hierin für den Eigentümer liegen, suchten zahlreiche Partikulargesetze dadurch vorzubeugen, daß sie dem Besitzer des Papiers gestatteten, diesem durch einen auf die Urkunde gesetzten Vermerk die Umlaufsfähigkeit zu nehmen. Dieser Außerkurssetzungsvermerk verwandelte das für den ausgedehntesten Umlauf bestimmte Papier ohne oder gegen den Willen des Ausstellers in ein Rektapapier. Das BGB (§ 806) beseitigt dieses Institut, indem es nur dem Aussteller die Befugnis einräumt, das Papier in ein auf den Namen eines bestimmten Berechtigten lautendes, also in ein Rektapapier zu verwandeln. Das umgewandelte Papier kann nur noch durch Abtretung übertragen werden, und der Aussteller kann mit befreiender Wirkung nur an den gehörig legitimierten Zessionar zahlen.

In jedem Fall ist nach altem wie neuem Rechte der Aussteller nur gegen Aushändigung des Papiers zur Leistung verpflichtet: das Inhaberpapier ist ein Einlösungs- und ein Präsentationspapier. Durch die auf Grund der Zahlung erfolgende Rückgabe des Papiers erwirbt der Aussteller nach neuem Recht (§ 797) in jedem Falle das Eigentum des Papiers. Dann ruht die Verpflichtung des Eigentümers, solange er das Papier besitzt; erwirbt später ein anderer das Verfügungsrecht, so lebt die Verpflichtung des Ausstellers wieder auf.

5. Im Inland ausgestellte Inhaberpapiere, welche auf Zahlung einer bestimmten Geldsumme lauten, dürfen nur mit **staatlicher Genehmigung** in den Verkehr gebracht werden (§ 795). Das ohne diese Genehmigung ausgegebene Papier begründet keine Verpflichtung. Die Erteilung oder Verweigerung der Genehmigung ist Sache des Bundesstaats, in dessen Gebiete der Aussteller seinen Wohnsitz oder seine gewerbliche Niederlassung hat. Die für die Frage der Genehmigung maßgebenden Normen gehören demnach dem Landesrecht an. Jedenfalls gewährt die Tatsache der Genehmigung dem Erwerber eines Inhaberpapiers eine gewisse Sicherheit dafür, daß die vom Aussteller in Umlauf gesetzten Papiere die Zahlungsmittel des Ausstellers nicht übersteigen.

Das Erfordernis der Genehmigung fällt weg bei Papieren, die vom Reich oder einem Bundesstaat ausgegeben sind (§ 795).

6. Wäre das Papier ausschließlich eine mit einem gewissen Wert ausgestattete Sache, so müßte der **Verlust des Papiers** den Verlust des in ihm enthaltenen Vermögenswerts und die ungerechtfertigte Bereicherung des Ausstellers um diesen Wert zur Folge haben. Das Papier ist aber eine Urkunde über eine Forderung, und diese letztere geht mit dem Verluste der Urkunde nicht verloren. Vielmehr kann nach altem und neuem Rechte der Inhaber eines unbrauchbar gewordenen und daher nicht mehr umlaufsfähigen und der letzte Inhaber eines verloren gegangenen Papiers vom Aussteller die Erteilung eines neuen Papiers an Stelle des alten verlangen, wenn das unbrauchbare

Papier zurückgegeben wird, das verlorene auf Grund eines Aufgebotsverfahrens für kraftlos erklärt („amortisiert") worden ist (§§ 798 bis 800 BGB, §§ 946 ff. insbesondere §§ 1033 ff. ZPO). Nur Zins-, Renten- und Gewinnanteilscheine sowie auf Sicht zahlbare unverzinsliche Schuldverschreibungen unterliegen der Kraftloserklärung nicht (§ 799 BGB), desgl. Banknoten nach § 4 Bankgesetz vom 14. 3. 75. Die Kosten der Erneuerung trägt stets der Inhaber (§§ 798—800). Auf Verlangen des Antragstellers hat das Gericht zugleich die Zahlungssperre auszusprechen, d. h. an den Aussteller und die etwaigen Zahlstellen ein die Leistung untersagendes Gebot zu richten (§ 802 BGB, §§ 1019 ff. ZPO).

7. Das BGB unterscheidet zwischen der **Vorlegungsfrist** und der Verjährung. Die erstere ist eine Präklusivfrist, die bei Zins-, Renten- und Gewinnanteilscheinen 4, bei den andern Inhaberpapieren 30 Jahre beträgt, und deren Bedeutung darin besteht, daß mit ihrem Ablaufe die Forderung aus dem Papier erlischt (§§ 801, 802). Wird aber innerhalb der Frist die Urkunde dem Aussteller zum Zwecke der Einlösung vorgelegt, so beginnt damit die **Verjährung** der Forderung. Die Verjährungsfrist beträgt zwei Jahre.

8. Das Inhaberpapier ist für den Umlauf bestimmt. Urkunden, welche diese Bestimmung nicht haben, die aber den Inhaber als Empfangsberechtigten ausweisen, sind daher nicht Inhaberpapiere, sondern bloße **Legitimationszeichen.** Hierher gehören Eisenbahn- und andere Billetts, Marken, Bons usw. Solche Urkunden werden auf Grund eines regelmäßig gegenseitigen Vertrags (z. B. eines Transportvertrags) ausgegeben, aber der eine Kontrahent will sich die Prüfung der Legitimation des andern Kontrahenten erleichtern, indem er denjenigen als den Empfangsberechtigten gelten läßt, der jenes Zeichen vorweist. Dadurch erlangen diese Zeichen, denen meistens die Unterschrift des Ausstellers und die bestimmte Angabe der Leistung fehlt, tatsächlich die Umlaufsfähigkeit des Inhaberpapiers. Das BGB (§ 807) gibt dem Inhaber die Befugnis, die Leistung zu fordern, unterwirft die Zeichen der Kreationstheorie (§§ 793, 794), macht sie zu Präsentationspapieren (§ 797) und beschränkt die Einreden des Ausgebers (§ 796).

Kraftloserklärung und Vorlegungsfrist entfallen.

Der Schuldner kann gleichwohl das Interesse haben, nur an die Person des ursprünglichen Gegenkontrahenten zu leisten. Er kann daher die Übertragung des Papiers untersagen. Wird das Papier trotzdem veräußert, so erwirbt der Erwerber das Recht auf die Leistung nicht (§ 793).

Keine Inhaberpapiere, sondern gleichfalls bloße Legitimationszeichen (hinkende Inhaberpapiere, qualifizierte Legitimationspapiere) sind ferner diejenigen Urkunden, in welchen der Gläubiger benannt ist, die jedoch mit der Bestimmung ausgegeben werden, daß die Leistung an jeden Inhaber bewirkt werden kann. Hierher zählen namentlich die Sparkassenbücher. Auch hier wird nur das Interesse an der Erleichterung der Legitimationsprüfung befriedigt. Daher hat der Inhaber als solcher kein Recht auf die Leistung, dieses Recht kann er nur durch Abtretung vom Berechtigten erwerben, dagegen kann der Schuldner an den bloßen Inhaber mit befreiender Wirkung leisten (§ 808). Die Papiere sind Präsentationspapiere und können für kraftlos erklärt werden, doch besteht für sie keine Vorlegungsfrist, der in ihnen beurkundete Anspruch unterliegt der Verjährung.

Das Wechselrecht.

§ 43. Geschichte des Wechsels.[1])

Neuere Forschungen haben eine gewisse Wahrscheinlichkeit dafür erbracht, daß das chirographum der späteren römischen Kaiserzeit insofern der Vorläufer unseres heutigen Wechsels gewesen sei, als das chirographum eine an das Papier gebundene Skripturobligation enthielt. Doch hat man es keineswegs mit gesicherten Ergebnissen zu tun, und jedenfalls kann es sich nur um die ersten Anfänge des heute sog. eigenen Wechsels, d. h. eines vom Schöpfer der Urkunde gegebenen Zahlungsversprechens handeln. Wichtiger ist die Entstehung des trassierten, gezogenen Wechsels, denn die Eigentümlichkeit des Wechsels besteht darin, daß er einen Zahlungsauftrag enthält. Die Anfänge dieses Wechsels sind jedenfalls in den geschäftlichen Gepflogenheiten und Bedürfnissen der italienischen und bald auch anderer Handelsstädte des Mittelalters zu suchen. Geld an einen andern Ort zu senden oder dorthin mitzunehmen, war mit Kosten und mit Gefahr verknüpft und entsprach zudem auch nicht dem Bedürfnisse, dem, der in einem fremden Lande mit anderer Münze Geschäfte schließen wollte, Geld in der dort gangbaren Münze zu verschaffen. Die Geldwechsler (campsores) der Handelsstädte unterhielten deshalb Geschäftsverbindungen mit Geldwechslern an anderen Orten und namentlich in anderen Ländern und gaben nach erfolgter Einzahlung einer Geldsumme in ihrer Münze dem Einzahler einen Brief, durch welchen das befreundete Geschäftshaus des anderen Landes angewiesen wurde, jene

---

[1]) Grünhut: Wechselrecht 1897 I S. 20 ff.

Geldsumme am Sitze des Geschäftsfreundes in der dort gangbaren Münze auszuzahlen. Der Ausgleich unter den beiden Geschäftshäusern erfolgte dann durch Kompensation. Die Eigentümlichkeit des Wechselbriefes lag daher in der Verschiedenheit des Ortes der Ausstellung und der Zahlung und in der Verschiedenheit der eingezahlten und der auszuzahlenden Münze.

Die Entwicklung der dieses Institut beherrschenden Rechtssätze erfolgte im wesentlichen auf dem Wege des Gewohnheitsrechts. Erst seit dem 15. Jahrhundert werden einzelne besonders wichtige Rechtssätze von der Gesetzgebung ausgesprochen, so in Barcelona im Jahre 1394, in Bologna 1454, in Frankreich 1462. In Deutschland ging Hamburg (im Jahre 1603) mit einem größeren Wechselgesetze voran. Seit dieser Zeit wurden nicht allein in Deutschland, sondern in sämtlichen Kulturstaaten zahlreiche umfassende wechselrechtliche Gesetze erlassen. Die besten deutschen Wechselgesetze waren das Allgemeine preußische Landrecht von 1794, das im 8. Titel des zweiten Teiles („vom Bürgerstande") das Handelsrecht und sehr ausführlich auch das (in 531 Paragraphen) Wechselrecht regelte, und die Weimarische Wechselordnung von 1819. Von außerdeutschen Wechselordnungen erlangte das größte Ansehen die französische Ordonnance du commerce von 1673 und der Code de commerce vom 20. 9. 1807, der auch in einem großen Teile Deutschlands Gesetzeskraft erlangte. Obwohl die kaufmännischen Gepflogenheiten gerade auf diesem Gebiete sich an die Landesgrenzen nicht zu stoßen pflegen, galten bei Errichtung des Deutschen Bundes in Deutschland 56 verschiedene Wechselrechte. Nach Gründung des Zollvereins wurde das Verlangen nach einer einheitlichen Wechselordnung immer dringender, doch gingen zunächst die einzelnen deutschen Staaten selbständig vor, indem sie Entwürfe einer Wechselordnung herstellten, so Österreich (das nicht zum Zollverein gehörte), Preußen, Württemberg und Mecklenburg-Schwerin. Schließlich machte im Jahre 1846 Württemberg mit Erfolg beim Zollverein den Vorschlag, der preußische Entwurf solle einem gemeinsamen Wechselrechte zugrunde gelegt werden, worauf die preußische Regierung am 31. August 1847 die deutschen Staaten, und zwar auch die nicht zum Zollverein gehörenden, nach Leipzig zu einer Konferenz einlud. An dieser von Juristen und Kaufleuten besuchten Versammlung beteiligten sich alle deutschen Staaten; die besten Kenner des Wechselrechts wirkten in ihr, Einert, Liebe und Thöl; ihren Beratungen lag der preußische Entwurf zugrunde, und in 35 Sitzungen (vom 20. Oktober bis 9. Dezember) wurde ein Entwurf hergestellt, den die Versammlung einstimmig für geeignet erklärte, als gemeinsames deutsches Gesetz zu gelten. Als dann im Jahre 1848 die Deutsche Nationalversammlung in Frankfurt zusammentrat, legte man ihr den Entwurf vor; sie nahm ihn an und erklärte ihn zum deutschen Reichsgesetz, womit sie ihre Zuständigkeit überschritt. Indessen verkündeten, um allen Zweifeln zu begegnen, die deutschen Staaten den Entwurf für sich als Landesgesetz, so daß ein sog. allgemeines Wechselrecht geschaffen wurde. In der Praxis tauchten jedoch alsbald Streitfragen auf, und der neu geschaffenen Einheit drohte die Gefahr einer Lockerung wenigstens bei diesen Fragen. Man legte das Material der in Nürnberg versammelten Kommission zur Abfassung eines gemeinsamen Handelsgesetzbuches vor, diese entschied die Streitfragen in Gestalt von Vorschlägen, die sie den Regierungen machte, und diese führten jene sog. Nürnberger Novellen als Gesetz ein. Am 5. Juni 1869 wurde die Wechselordnung mit den Novellen zum norddeutschen Bundesgesetz, also zu formell gemeinem Recht erhoben, wodurch sie der Einwirkung der Landesgesetze entzogen wurde. Durch Gesetze vom 16.4.1871, 22.4.1871 (für Bayern) und 19. 6. 1872 wurde sie Reichsrecht.

Die WO — als vortreffliches Gesetz anerkannt — behandelt das Wechselrecht in 100 knappen Artikeln.

Änderungen hat sie nur erfahren durch § 13 Abs. 3 des EG z. ZPO, durch § 3 Abs. 3 des EG z. KO betreffs der Wechselverjährung und endlich durch Art. 8 des EG zum neuen HGB, welcher den Art. 80 der WO aufhebt.

§ 44. Der Wechsel.

Der Wechsel ist eine Urkunde (und zwar ein Wertpapier), in welcher einem bestimmten Gläubiger sowie jedem, an den die Urkunde durch Indossament gelangt, ein Summenversprechen gegeben wird.

1. Er ist ein **Summenversprechen**, d. h. er enthält eine abstrakte, einseitige Verpflichtung zur Zahlung einer bestimmten Geldsumme. Er bleibt Formalobligation auch dann, wenn der Verpflichtungsgrund in ihm zum Ausdrucke gelangt ist.

Er ist eine Skripturobligation, denn für das in ihm verbriefte Recht sind nur die in der Urkunde gebrauchten Worte maßgebend.

Er ist ein Wertpapier, denn die Urkunde beweist nicht bloß ein außerhalb stehendes Rechtsverhältnis, sondern sie verkörpert das verbriefte Recht; sie benennt den Berechtigten; jede Verfügung über das Papier ist eine Verfügung über das Recht, und keine Verfügung über das Recht kann ohne Verfügung über das Papier getroffen werden.

Der Wechsel ist Orderpapier kraft Gesetzes.

Jede auf den Wechsel gesetzte Wechselerklärung enthält ein Versprechen.

Der Wechsel hat entweder die Form eines einfachen Zahlungsversprechens oder die eines Zahlungsauftrags. Im ersten Falle[1]) erklärt der Aussteller: Gegen diesen Wechsel zahle ich . . ., im zweiten Falle[2]) erklärt er: Gegen diesen Wechsel zahlen Sie . . . Jener Wechsel heißt eigener (trockener), dieser gezogener Wechsel oder Tratte; jener gleicht einem Schuldscheine, dieser einer Anweisung.

Die Wechselverpflichtungen sind entweder prinzipale oder subsidiäre.

Wie für die Anweisung, so sind auch für den gezogenen Wechsel drei Personen notwendig: a) der Anweisende oder Trassant, b) der Angewiesene, Bezogene oder Trassat, welcher zahlen, c) der Anweisungsempfänger, Remittent, an welchen gezahlt werden soll. Der Aussteller eines eigenen Wechsels geht stets eine prinzipale Verpflichtung ein. Der Aussteller eines gezogenen Wechsels dagegen ist von vornherein nur Auftraggeber, und auch der Remittent ist von vornherein nur Gläubiger. Aber mit der Begebung des Wechsels von seiten des Trassanten an den Remittenten und durch die Begebung des Wechsels vom Remittenten an eine andere Person (Indossatar) übernimmt der Trassant und übernimmt der Remittent die wechselmäßige Garantie für die Annahme und Zahlung des Wechsels (Art. 8 WO), und die gleiche Garantie übernimmt ein jeder, der den Wechsel durch Indossament weitergibt. Daher erwirbt der Indossatar mit dem Wechsel nur Rechte aus dem Wechsel, eine Wechselverpflichtung geht er erst ein, indem er den Wechsel weitergibt (Art. 9, 14). Alle diese Personen, die zuerst nur Rechte erlangen und erst durch die Begebung des Wechsels eine Wechselpflicht übernehmen, haften nur subsidiär (im Wege des Regresses), d. h. nur dann, wenn der Hauptverpflichtete den Wechsel nicht annimmt oder nicht bezahlt. Bezahlen aber soll ihn der Trassat. Dieser ist zur Bezahlung des Wechsels vielleicht zivilrechtlich, aber nicht wechselmäßig verpflichtet, er wird Wechselschuldner erst durch die Annahme des Wechsels (Akzept, Art. 21, 23), dann aber auch Hauptverpflichteter. Bei diesem hat der Gläubiger zunächst die Zahlung nachzusuchen, und

---

[1]) Beispiel für einen eigenen Wechsel:

Breslau, den 12. Oktober 1907.

Am 1. Januar 1908 zahle ich gegen diesen Wechsel an Herrn Moritz Blau die Summe von Mark fünfhundert.

Benno Schweitzer.

[2]) Beispiel für einen gezogenen Wechsel:

Breslau, den 1. Oktober 1907.

Am 1. Januar 1908 zahlen Sie gegen diesen Wechsel an Herrn Fritz Müller die Summe von Mark tausend.

Otto Lang.

Herrn Theodor Schwarz in Görlitz.

nur wenn er sie hier nicht erlangt, kann er einen der Regreßschuldner in Anspruch nehmen. Aber auch diese letzteren sind zur Zahlung oder Sicherstellung (Art. 25, 29, 41) nur dann verpflichtet, wenn der Gläubiger darüber, daß er rechtzeitig beim Hauptverpflichteten Annahme oder Zahlung gesucht (die Wechseldiligenz beobachtet) hat, eine öffentliche Urkunde, den Protest, hat aufnehmen lassen (Art. 41).

Der Aussteller kann sich selbst als Remittenten bezeichnen (Art. 6). Dieser sog. Wechsel an eigene Order, welcher dahin lautet: Gegen diesen Wechsel zahlen Sie an meine Order (oder „an die Order von mir selbst") ist im Verkehre gebräuchlicher als der mit benanntem Remittenten und unterscheidet sich von jenem nur dadurch, daß die Begebung des Wechsels an den Remittenten in formloser Übergabe, die Begebung des Wechsels an eigene Order aber nur im Wege des Indossaments erfolgt.

2. Jede Wechselerklärung begründet eine Wechselverpflichtung des Erklärenden gegenüber demjenigen, der den Wechsel im guten Glauben erwirbt. Die Folge ist:

a) Der Aussteller kann sich selbst als Bezogenen bezeichnen (Art. 6 Abs. 2); das deutsche Wechselrecht läßt diesen sog. trassiert-eigenen Wechsel, der nicht als eigener, sondern als gezogener Wechsel behandelt wird, aber nur dann zu, wenn Ausstellungs- und Zahlungsort verschieden sind und die Personenidentität im Wechsel selbst erklärt ist, denn nur in diesem Falle befriedigt er ein Verkehrsbedürfnis: er schafft die Möglichkeit, daß eine Filiale einer Bank auf eine andere Filiale zieht (sog. Kommanditwechsel), daß jemand, der sich auf Reisen befindet, sich wechselmäßig verpflichtet, an einem anderen Orte zu zahlen.

b) Der Wechselschuldner ist gegenüber demjenigen Besitzer zur Zahlung verpflichtet, der sich durch eine zusammenhängende Reihe von Indossamenten als gutgläubiger Erwerber und damit als Eigentümer des Wechsels legitimiert; er ist aber zur Zahlung berechtigt gegenüber dem, der sich nur äußerlich in der beschriebenen Weise legitimiert, denn der Wechselschuldner ist zur Prüfung der Echtheit der Indossamente nicht verpflichtet (Art. 36).

Aus einer Wechselerklärung entsteht also eine Wechselverpflichtung nicht etwa nur gegenüber demjenigen, dem sich der Schuldner verpflichtet hat, und gegenüber den Rechtsnachfolgern des ursprünglich Berechtigten, sondern unmittelbar gegenüber einem jeden, der den Wechsel durch Indossament erwirbt.

c) Eine Wechselverpflichtung entsteht auch dann, wenn der Wechsel gegen den Willen dessen, der die Wechselerklärung niedergeschrieben, in den Verkehr kommt (RG 9, 56). Das ist die Kreationstheorie für den Wechsel. Sie hat hier keine positive Gesetzesbestimmung für sich, muß aber auch hier gelten, weil die Vertragstheorie nicht imstande ist, den Umstand zu erklären, daß der Wechselschuldner dem gutgläubigen Erwerber des Wechsels auch dann haftet, wenn der Wechsel ohne seinen Willen in den Verkehr gekommen ist.

Indessen ist die Vertragstheorie die herrschende. Wie der Vertrag juristisch zu konstruieren, darüber hat von jeher Streit geherrscht. Man unterschied ursprünglich nicht streng zwischen dem **pactum de cambiando**, dem Wechselvorvertrage, durch den sich jemand verpflichtet, als Aussteller einen Wechsel auf eine bestimmte Person zu ziehen und das Papier dem andern Vertragsteile zu übergeben, und dem Wechselvertrage selbst, d. h. der Hingabe des Wechsels vom Trassanten an den Remittenten. Erst seitdem man in dem letzteren Vertrag einen Literalkontrakt erblickte, war die Scheidung dieses abstrakten Skripturaktes von dem Konsensualkontrakte de cambiando möglich.

In seinem „Wechselrecht nach dem Bedürfnisse des 19. Jahrhunders" (1839) vertrat Einert die Auffassung, der gezogene Wechsel sei das Papiergeld der Kaufleute, indem er unter Papiergeld ein jedes im Verkehr zu Zahlungszwecken verwendetes Papier, welches vom Schöpfer des Papiers mit Einlösungsgarantie ausgegeben ist, als Papiergeld bezeichnete und nicht unterschied, ob das Papier vom Staate, von einer Bank oder von einer Privatperson ausgegeben wird. Er stellte deshalb den Wechsel der Banknote gleich und mußte zu der Folgerung gelangen, daß nur der auf den Inhaber gestellte oder wenigstens in blanko indossierte Wechsel dem Wesen des Wechsels am besten entspreche.

Liebe trat dieser Auffassung mit dem Hinweise darauf entgegen, daß durch den Umlauf des Wechsels Rechtsbeziehungen entstehen, durch den Umlauf des Papiergelds nicht; gleichwohl betonte er die Unabhängigkeit der Wechselobligation von dem ihm zugrunde liegenden Kausalgeschäfte mit besonderer Schärfe.

Thöl erklärt den Wechsel für ein Summenversprechen, d. h. für ein Versprechen, an die im Wechsel genannte oder an die in bestimmter Form bezeichnete andere Person eine bestimmte Summe Geldes zu zahlen, das unabhängig ist von einem andern Rechtsgrund als der Wechselerklärung, das abgegeben wird ohne Gegenversprechen, aber nur bindend wird, wenn das Versprechen angenommen wird. Thöl ist daher der Hauptvertreter der Vertragstheorie. Aber auch wer nicht Anhänger der Vertragstheorie kann die Thölsche Auffassung von einem Summenversprechen annehmen: durch die Niederschrift schon ist das Versprechen in bindender Weise gegeben dem, an den das Papier ordnungsgemäß gelangen wird.

§ 45. Erfordernisse des gezogenen Wechsels.

Diese (acht) Erfordernisse sind im Art. 4 der WO aufgeführt. Zu ihnen gehört nach Art. 4 Nr. 8 die Angabe des Ortes, wo die

Zahlung geschehen soll. Ist dieser Ort nicht identisch mit dem Wohnorte des Bezogenen, so heißt der Wechsel domilizierter oder Domizilwechsel. Eine besondere Art dieser Wechsel ist der domizilierte Wechsel mit benanntem Domiziliaten, d. h. mit Benennung einer vom Trassaten verschiedenen Person, welche am Wechseldomizil zahlen soll. Es ist dies regelmäßig eine Person (namentlich ein Bankier), die es übernommen hat, für den Bezogenen Zahlungen zu leisten. Der Wechselgläubiger hat deshalb Zahlung beim Domiziliaten nachzusuchen und bei ihrem Ausbleiben bei ihm Protest zu erheben, obwohl der Domiziliat nicht Wechselschuldner ist. Hat er dies unterlassen, so hat er die auch dem Akzeptanten gegenüber zu beobachtende Wechseldiligenz verabsäumt: die Folge ist, daß er seine Rechte nicht nur gegen den Regreßschuldner, sondern sogar gegen den Akzeptanten verliert (Art. 24, 43). Ist im Domizilvermerk die Person, welche am Wechseldomizile zahlen wird, nicht genannt, so hat der Bezogene selbst am Wechseldomizile zu zahlen. Die Unterlassung des Protestes kann daher in diesem Falle nur den Verlust des Regreßrechts nach sich ziehen.

Das Wort „Wechsel" oder wenn der Wechsel in einer fremden Sprache ausgestellt ist, ein jener Bezeichnung entsprechender Ausdruck in der fremden Sprache muß in den Wechsel selbst aufgenommen sein, es genügt nicht, daß das Wort in der Überschrift steht (RG. 48, 223). Das Papier soll selbst erklären, als was es aufgefaßt werden will.

Die Angabe der Zeit, zu welcher gezahlt werden soll, kann für die ganze Summe nur eine einheitliche sein (Verbot des Ratenwechsels). Sie kann festgesetzt werden:

a) auf einen bestimmten Tag (Tagwechsel: am 14. Oktober 1907 zahlen Sie . . .);

b) auf Sicht (Vorzeigung, a vista usw.) oder auf eine bestimmte Zeit nach Sicht (Sicht — Nach-Sicht-Wechsel);

c) auf eine bestimmte Zeit nach dem Tage der Ausstellung (nach dato), daher Datowechsel;

d) auf eine Messe oder einen Markt (Meß- oder Marktwechsel).

Fehlt dem Papier eines der acht Erfordernisse, so ist es kein Wechsel. Ob es dann etwa als Anweisung oder als Zahlungsversprechen behandelt werden kann, hängt davon ab, ob das Papier den Erfordernissen dieses Rechtsgeschäftes genügt. Im Wege der Konversion (§ 140 BGB) gilt dann das als Wechsel nicht gültige Papier als Rechtsgeschäft jener anderen Art. Das gilt insbesondere dann, wenn das Wort „Wechsel" fehlt (RG 48, 240). Damit darf nicht der Fall verwechselt werden, daß ein formell gültiger Wechsel seine Wechselkraft (z. B. durch Verjährung) verloren hat: in diesem Falle kann der Wechsel nicht als Anweisung oder als Zahlungsversprechen behandelt werden, denn der einmal gültig entstandene Wechsel kann nur wechselrechtlichen Grundsätzen unterliegen.

§ 46. Präsentation, Annahme, Regreß.

Obwohl der Bezogene erst durch die Annahme des Wechsels wechselmäßig verpflichtet wird, besteht grundsätzlich für den Wechselgläubiger eine Verpflichtung, den Wechsel dem Bezogenen zur **Annahme zu präsentieren,** nicht. Tatsächlich wird ein sehr großer Teil aller Wechsel anstandslos bezahlt, ohne daß sie vorher angenommen worden wären. Doch kann der Aussteller eines Domizilwechsels die Präsentation vorschreiben, und für Wechsel, welche auf eine bestimmte Zeit nach Sicht lauten, besteht eine gesetzliche Präsentationspflicht (Art. 24, 19). Nichtbeachtung dieser Diligenz hat in beiden Fällen den Verlust des Regresses gegen Aussteller und Indossanten zur Folge (Art. 20, 24). Macht der Wechselinhaber indessen von seinem Rechte, zu präsentieren, Gebrauch, und wird die Annahme verweigert, so kann er Regreß auf Sicherstellung dafür, daß der Wechsel zur Verfallzeit werde bezahlt werden, gegen den Aussteller und die Indossanten nehmen (Art. 25 ff.). Verschieden hiervon ist der Regreß wegen Unsicherheit des Akzeptanten (Art. 29). Denn während der Regreß auf Sicherstellung seinen Grund darin hat, daß infolge der Annahmeverweigerung die prinzipale Wechselverpflichtung nicht zur Entstehung kommt, hat der Regreß wegen Unsicherheit das erfolgte Akzept zur Voraussetzung; der letztere Regreß kann daher nur bei eingetretener Unsicherheit des Akzeptanten (Konkurs, Zahlungseinstellung, fruchtlose Exekution) genommen werden.

Die Präsentation des Wechsels zur Zahlung muß erfolgen, weil sich der Gläubiger nur durch den Besitz des auf ihn indossierten Wechsels als Gläubiger ausweist, und weil nur gegen Aushändigung des Wechsels gezahlt zu werden braucht (Art. 36, 39, 41). Ob der Bezogene den Wechsel angenommen hat, ist für die Frage nach der Notwendigkeit der Präsentation gleichgültig. Denn die Regreßpflicht des Ausstellers und der Indossanten besteht in jedem Falle (Art. 8, 14). Wird die Zahlung verweigert, so geht der Regreßanspruch des Wechselgläubigers nicht auf Sicherstellung, sondern auf Zahlung.

Voraussetzung eines jeden Regreßanspruchs ist die Protesterhebung (Art. 26, 29, 41). Der Protest mangels Zahlung muß spätestens am zweiten Werktage nach dem Fälligkeitstage aufgenommen werden (Art. 41, 91, 95). Zur Erhaltung des Wechselrechts gegen den Akzeptanten bedarf es der Protesterhebung nur, wenn der Wechsel domiziliert ist. Wird ein nicht protestierter Wechsel weiterbegeben, so hat das Nachindossament alle Wirkungen eines Indossaments, aber es begründet einen neuen Wechsellauf, da es Regreßrechte nur gegen die Nachindossanten entstehen lassen kann (Art. 16 Abs. 1).

Der Wechselgläubiger kann gegen einen beliebigen Vormann **Regreß** nehmen. Vormann ist für den Wechselgläubiger ein jeder, welcher den Wechsel vor ihm erworben und durch Indossament übertragen hat. Bezahlt der Vormann im Regreßwege, so befreit er seine Hintermänner von der Regreßpflicht, kann aber gegen seine Vormänner Regreß nehmen. Der Aussteller befreit demnach alle Regreßschuldner, denn er ist der letzte in ihrer Reihe. Durch mehrfaches Regreßnehmen verzögert sich die endgültige Abwicklung des Geschäfts und vergrößert sich die zu zahlende Summe (Art. 50, 51).

Der Abkürzung des Regreßweges dient das Institut der **Wechselintervention.**[1]) Diese besteht darin, daß ein anderer als der Trassat den Wechsel annimmt, oder daß ein anderer als der Trassat den Wechsel bezahlt. Die Annahme geschieht entweder von einer Notadresse, d. h. einer im Wechsel genannten, nur bedingt mit der Zahlung beauftragten Person („im Falle der Not bei Herrn N.") oder im Wege der Ehrenannahme im engeren Sinne, d. h. von einer nicht als Notadresse im Wechsel benannten Person. In beiden Fällen tritt der Intervenient nur auf Grund der von ihm erklärten Wechselannahme als Wechselschuldner ein.

Ist aber eine Notadresse vorhanden, so hat der Wechselinhaber vor dem Regreß auf Sicherstellung die Annahme bei der Notadresse nachzusuchen, eine wechselmäßige Pflicht zur Annahme besteht indessen für die Notadresse selbstverständlich nicht. Die Ehrenzahlung geschieht stets von einer zur Zahlung nicht verpflichteten Person.

Die Intervention erfolgt zugunsten (zu Ehren) eines Regreßschuldners (Honoraten), und zwar entweder des bestimmt Benannten oder, wenn die Nennung unterblieben ist, des Ausstellers. Durch die Ehrenannahme sowohl als durch die Ehrenzahlung werden die Nachmänner des Honoraten befreit; erfolgt die Intervention also zugunsten des Ausstellers, so werden alle Regreßschuldner befreit. Die Ehrenannahme kann der Wechselgläubiger zurückweisen, die Ehrenzahlung muß er nehmen (Art. 56—65).

---

[1]) S. besonders **Goldschmidt, System des Handelsrechts**, 3. Aufl. 1891, S. 267—274.

§ 47. Die Wechselerklärung.

Eine jede Wechselerklärung kann von **mehreren Personen** abgegeben werden, und zwar entweder so, daß sie als Hauptverpflichtete erscheinen, oder so, daß nur der eine die Haupt-, der andere die akzessorische Verbindlichkeit (Bürgschaft) übernimmt (Art. 81). Im ersten Fall entstand nach gemeinem Rechte bei gemeinschaftlicher Unterzeichnung eine Korreal-, bei hintereinander erfolgender Übernahme der Verbindlichkeit eine einfache Solidarobligation, nach neuem Rechte schlechthin ein Gesamtschuldverhältnis. Im zweiten Falle spricht man von Aval,[1]) wenn die rein akzessorische Natur der Haftung (des Avalisten) aus dem Wechsel selbst erkennbar ist. Er haftet nur dann, wenn die Hauptunterschrift in formell gültiger Weise abgegeben ist; in diesem Falle haftet er aber selbständig so, als ob er der einzige Verpflichtete wäre, also auch dann, wenn der Urheber der Hauptunterschrift materiell nicht verpflichtet ist (z. B. wegen mangelnder Wechselfähigkeit). Die Gültigkeit der einen Wechselerklärung ist auch im übrigen von der Gültigkeit anderer Wechselerklärungen unabhängig (Art. 3, 75, 76).

Jede Wechselerklärung begründet eine „wechselmäßige", d. h. den Grundsätzen des Wechselrechts unterliegende Verpflichtung. Diese ist eine **stricti juris obligatio,** sie ist ausgestattet mit der materiellen **Wechselstrenge,** d. h. der zivilrechtlich erleichterten Durchführbarkeit des Wechselanspruchs durch Beschränkung der Einreden (Art. 82), und der formellen Wechselstrenge, d. h. der prozessualisch erleichterten Durchführbarkeit des Wechselanspruchs durch Gewährung eines schleunigen, der Verteidigung des Schuldners ungünstigen Prozesses (§§ 592 bis 605 ZPO).

Als abstrakte Obligation dient die Wechselverpflichtung als Form für jedes nur denkbare Schuldverhältnis. Dasjenige Rechtsverhältnis, das zwischen dem Aussteller und dem Bezogenen vorhanden ist oder durch die Zahlung seitens des Bezogenen entsteht, heißt Deckungsverhältnis; das, was der Aussteller dem Bezogenen leistet, ist die Deckung. Das Rechtsverhältnis aber, das zwischen dem Aussteller und dem Nehmer des Wechsels oder zwischen dem Indossanten und dem Indossatar obwaltet, heißt Valutaverhältnis; das, was der Nehmer dem Geber für den Wechsel leistet, ist die Valuta. Diese beiden Rechtsverhältnisse gehören nicht dem Wechselrechte, sondern dem allgemeinen bürgerlichen Recht an. Bezahlt („honoriert") also der Trassat den auf ihn gezogenen Wechsel, so hat er damit gegen den

---

[1]) Von firmare a valle, Unterzeichnung am Fuße der Tratte, d. h. die Mitunterzeichnung eines Wechsels.

Aussteller den zivilrechtlichen Revalierungsanspruch auf die Deckung erworben; war der Trassat Schuldner des Ausstellers, so ist die Schuld entweder durch den gezahlten Betrag, soweit er reicht, unmittelbar getilgt, oder sie kann durch Aufrechnung mit dem Revalierungsanspruche beglichen werden; war der Trassat nicht Schuldner des Ausstellers, so hat er doch den ihm erteilten Zahlungsauftrag erfüllt, der Revalierungsanspruch stellt also nach altem und neuem Rechte die **actio mandati contraria** dar (§§ 669, 670 BGB). Ist der Wechsel nicht bezahlt worden, so ist in jenem Falle das frühere Rechtsverhältnis bestehen geblieben und, wenn ein solches nicht bestand, ein Deckungsverhältnis nicht entstanden. Ist der Wechselanspruch verjährt, oder ist die Wechselkraft des Wechsels infolge Nichtbeobachtung der Wechseldiligenz erloschen (der Wechsel „präjudiziert"), so kann der Wechselgläubiger auf das zugrunde liegende zivilrechtliche Schuldverhältnis zurückgreifen; ist auch dieses erloschen, oder kann der Wechselinhaber aus ihm gegen den Schuldner Rechte nicht herleiten, so hat er gegen den Akzeptanten (Aussteller des eigenen Wechsels) und den Trassanten einen zivilrechtlichen Anspruch auf denjenigen Betrag, um welchen diese zu seinem (des ehemaligen Wechselgläubigers) Schaden reicher sein würden (Art. 83). Gegen die Indossanten findet ein solcher Anspruch nicht statt.

Wechselmäßig verpflichtet ist nur der Aussteller, der Akzeptant, der Indossant, der Ehrenakzeptant und der Wechselbürge.

Unter einem Blankoakzept versteht man das auf einen nicht oder unvollständig ausgefüllten Wechsel gesetzte Akzept. Dieses Akzept ist nichtig, weil das Papier kein Wechsel ist. Hat aber der Akzeptant dem Nehmer des Wechsels das Ausfüllungsrecht eingeräumt, so darf dieser das Papier der Abrede gemäß durch Ausfüllung der fehlenden Erfordernisse zu einem Wechsel machen, z. B. die Summe einstellen, die ihm der Akzeptant zurzeit schuldet. Abredewidrige Ausfüllung gibt eine e. doli nur dem Ausfüller oder dem unredlichen Indossatar gegenüber. Änderung der bereits ausgefüllten Teile des Wechsels ist Wechselverfälschung und gibt dem Wechselschuldner die gegen jeden Gläubiger wirkende e. falsi, weil er nur haftet auf Grund des erklärten Verpflichtungswillens (Art. 82).

Ein **Gefälligkeitsakzept** ist dasjenige, das der Akzeptant nur gibt, um dem Nehmer Kredit zu verschaffen, und gegen welches der Nehmer sich verpflichtet hat, dem Akzeptanten vor der Verfallzeit Deckung zu gewähren oder den Wechsel selbst einzulösen (ROHG 14, 225).

Ein **Depotwechsel** ist ein solcher, dessen Indossierung durch einen Vermerk „nicht an Order" oder durch einen gleichbedeutenden Ausdruck ausgeschlossen ist (Art. 9). Das trotzdem vorgenommene Indossament hat nur die Bedeutung einer Zession.

Eine **Rimesse** ist ein Wechsel, der als Deckung gegeben wird. Interimswechsel ist derjenige Wechsel, der über die Valuta gezogen wird.

§ 48. Einreden gegen den Wechselanspruch.

Dem Anspruch aus dem Wechsel können Einreden zweierlei Art entgegengestellt werden.

Das versteht sich von selbst, daß die Rechtsgültigkeit desjenigen Aktes in Frage gestellt werden kann, der die Entstehung einer wechselrechtlichen Verpflichtung bezweckte. Denn auch aus einem abstrakten Rechtsgeschäfte können Rechte und Pflichten nur dann entstehen, wenn das Rechtsgeschäft selbst die für seine Gültigkeit aufgestellten Voraussetzungen erfüllt. Daher sagt die WO Art. 82 insofern etwas Überflüssiges, als sie dem Wechselschuldner diejenigen Einreden gestattet, „welche aus dem Wechselrechte selbst hervorgehen". Gemeint sind damit diejenigen Einreden (immer in dem weiteren, auch die Einwendungen umfassenden Sinne), welche sich gegen den objektiven Bestand der Wechselverbindlichkeit richten und daher jedem Wechselgläubiger entgegenstehen, gleichviel in wessen Händen der Wechsel sich befindet.[1]) Dahin gehören die Einreden mangelnder Geschäftsfähigkeit, des Irrtums, des Betrugs, der Drohung, der mangelnden Protesterhebung, der Verjährung, der Einrede, daß die Legitimationsreihe des Art. 36 unterbrochen ist.

Nicht von selbst versteht sich die Zulässigkeit von Einreden, die nicht den objektiven Bestand der Wechselschuld, sondern das subjektive Verhältnis gerade dieses Wechselgläubigers zu diesem Schuldner betreffen. Denn solche Einreden widersprechen der abstrakten Natur des Wechselaktes. Sie sind gleichwohl in Art. 82 dadurch zugelassen, daß dem Schuldner die Einreden eingeräumt werden, welche „ihm unmittelbar gegen den jedesmaligen Kläger zustehen". Hierher gehört z. B. die Einrede der unberechtigten Ausfüllung des Wechselblanketts, der von diesem Kläger gewährten Stundung, namentlich aber auch die Aufrechnung mit Forderungen des Schuldners gegen diesen Wechselgläubiger, hierher gehören namentlich aber die Einreden aus dem zugrunde liegenden materiellen Schuldverhältnis (z. B. der Käufer einer Ware hat dem Verkäufer ein Akzept gegeben und der Kauf ist gewandelt; der Schuldner gibt das Akzept über ein erwartetes Darlehn, und das Darlehn ist nicht gegeben). Diese relativen, persönlichen Einreden stehen dem Schuldner zu:

---

[1]) Staub: Wechselordnung zu Art. 82 § 1.

a) gegen denjenigen Gläubiger, der in jener einredebegründenden subjektiven Beziehung zum Schuldner steht (z. B. dem, der das Blankett rechtswidrig ausgefüllt hat);

b) gegen denjenigen Gläubiger, welcher im Wege der gewöhnlichen Rechtsnachfolge (Erbfolge, Abtretung) in das Wechselrecht des zu a bezeichneten Gläubigers eingetreten ist (also nicht gegen den Indossatar!), und

c) als exceptio doli gegen denjenigen, welcher unter Kenntnis des Einrederechts den Wechsel erwirbt und den Anspruch geltend macht, um dem Schuldner jene Einwendungen abzuschneiden.

Nicht zu verwechseln mit dieser im Art. 82 WO. behandelten materiellrechtlichen Beschränkung der Einreden gegen den Wechselanspruch ist die prozeßrechtliche Beschränkung der Durchführbarkeit von an sich begründeten Einreden im Wechselprozeß. Letztere greift nur dann Platz, wenn der Wechselanspruch im Wechselprozesse geltend gemacht wird (vgl. §§ 592—605 ZPO).

§ 49. Das Indossament.[1])

Das Indossament ist die dem Orderpapier eigentümliche Übertragungsform. Die Orderklausel, d. i. die schriftliche Erklärung des Ausstellers, daß der Schuldner zahlen solle an den Gläubiger oder denjenigen, den dieser benennen wird (aut cui ordinaverit), diente im 12. und 13. Jahrhundert zur Umgehung des vom germanischen, insbesondere auch vom langobardischen Recht aufgestellten Verbotes gerichtlicher Stellvertretung und Forderungsabtretung. Die Klausel enthielt daher ursprünglich nur ein Mandat zur Einziehung und Klageerhebung. Sie wurde zu einem regelmäßigen Bestandteile der Schuldurkunden jener Zeit und blieb es auch, als jene Veranlassung wegfiel. Die Benennung des Mandatars geschah anfangs in einer besonderen Vollmachtsurkunde, später auf dem Papiere selbst. Man nannte sie in Italien girata, weil sie den Umlauf (giro) des Papiers bewirkte, in Frankreich endossement, weil der Vermerk auf den Rücken des Papiers gesetzt wurde.[2]) Wer das Papier in dieser Form erlangte, wurde Eigentümer der Urkunde und Gläubiger des Papierausstellers, gleichviel, welches Rechtsgeschäft dem Übertragungsakte zugrunde lag.

Die Grundsätze vom Indossament sind im modernen Rechte vorzugsweise für das wichtigste Orderpapier, den Wechsel, ausgebildet

---

[1]) S. darüber jetzt Grünhut: Wechselrecht 1897. Bd. I S. 87 ff., 138 ff. II S. 84—195.

[2]) Goldschmidt: Universalgeschichte des Handelsrechts 1891. S. 390 ff.

worden und befinden sich in den Art. 9—17 WO für den Wechsel und in den §§ 363—365 HGB für andere Orderpapiere.

Nach diesen Sätzen ist das Indossament eine auf den Wechsel gesetzte Wechselerklärung von doppelter juristischer Bedeutung. Denn sie enthält

1. in Verbindung mit der Übergabe des Wechsels die Übertragung des Wechsels und macht den Wechselnehmer (den Indossatar) zum Wechselgläubiger (Transportfunktion),

2. die Übernahme einer Garantie für die rechtzeitige Zahlung der Wechselsumme und begründet demnach eine wechselrechtliche Verpflichtung des Indossanten (Garantiefunktion).

In beiden Beziehungen ähnelt das Indossament einer Zession. Aber während die letztere den Zessionar zum Rechtsnachfolger des Zedenten macht, läßt das Indossament das Recht aus dem Papier in der Person des Indossatars von neuem entstehen. Nach dem Ausspruche von Thöl entsteht eine neue Tratte. Denn der Schuldner der abgetretenen Forderung ist nur dem ursprünglichen Gläubiger verpflichtet, ein anderer Gläubiger kann also nur das Recht erwerben, das der erste Gläubiger hatte. Der Aussteller eines Orderpapiers aber hat sich durch den einseitigen Akt der Kreation jedem gegenüber verpflichtet, der das Papier durch Indossament erwerben wird. Demnach leitet sein Recht der Zessionar vom Zedenten, der Indossatar vom Aussteller her. Folglich hat der Wechselschuldner nur diejenigen Einwendungen gegen den Indossatar, die

a) einen Mangel des Kreationsakts rügen,

b) aus dem Papiere selbst hervorgehen,

c) dem Schuldner gegen den Indossatar unmittelbar zustehen, d. h. das Gläubigerrecht gerade dieses Gläubigers betreffen (Art. 82 WO, § 364 HGB).

Hervorzuheben ist nach den Ausführungen in § 48 hier nur das Einrederecht gegen den Indossatar; ihm gegenüber sind nach vorstehendem und § 48 ausgeschlossen diejenigen Einwendungen, welche sich auf dasjenige Rechtsverhältnis gründen, welches zwischen dem Schuldner und dem ursprünglichen Gläubiger bestand. Demnach ist dieser wie jeder folgende Wechselgläubiger in der Lage, dem Schuldner durch ein Indossament einen begründeten Einwand zu entziehen. Dem Schuldner steht jedoch die exceptio doli zu, wenn der jetzt Zahlung fordernde Indossatar die formale Legitimation, welche ihm das Indossament gibt, nur zu dem Zwecke benutzt, dem Schuldner Einwendungen abzuschneiden.[1])

[1]) So die herrschende Ansicht (RG 57, 65) gegen Staub u. a., welche die exceptio doli schon dann zulassen, wenn der Indossatar die einwandbegründenden Tatsachen beim Erwerbe des Wechsels kennt.

Ob die Zession eine Regreßpflicht des Zedenten überhaupt begründet, hängt von dem ihr zugrunde liegenden Rechtsgeschäft ab. Wenn danach eine Regreßpflicht besteht, so kann sie doch immer nur gegen den unmittelbaren Vormann geltend gemacht werden. Das Indossament eines Wechsels aber begründet eine selbständige Garantiepflicht. Jedes Indossament schafft demnach im Indossanten einen neuen Schuldner, und diese mehreren Schuldner haften dem letzten Indossatar als Gesamtschuldner. Die Folge ist, daß der Berechtigte sich an jeden auf das Ganze halten, d. h. in der Reihe der Indossanten Sprünge machen kann (daher Sprungregreß, **regressus per saltum**). Aber die Haftung der Indossanten ist eine subsidiäre, sie tritt nur dann ein, wenn der Hauptverpflichtete, der Akzeptant, nicht zahlt. Die Grundsätze des Wechselrechts über den Regreß finden jedoch auf die andern Orderpapiere keine Anwendung (§ 365 HGB). Ob hier ein Regreßrecht besteht, entscheidet sich demnach aus dem Begebungsgeschäft (Valutenverhältnis), d. i. dem Rechtsgeschäfte, das der Übertragung des Papiers zugrunde lag.

Die Regreßpflicht hängt in allen Fällen davon ab, daß die Zahlung beim Hauptverpflichteten vergeblich gesucht worden ist, die Wechselregreßpflicht aber noch davon, daß dieser Versuch durch eine öffentliche Urkunde (den Protest) festgestellt ist.

Das Indossament unterscheidet sich von der Zession aber auch durch die Form. Die Zession ist an keine Form gebunden (§ 398 BGB), das Indossament kann nur auf dem Papier erklärt werden, das Vollindossament hinten oder vorn, das Blankoindossament nur auf dem Rücken.[1])

Das **Vollindossament** nennt den Indossatar,[2]) das **Blankoindossament** nennt ihn nicht. Wer auf Grund Blankoindossaments erwirbt, kann dieses durch Hineinsetzen seines Namens ausfüllen, und da er hierzu jederzeit in der Lage ist, ohne vorherige Ausfüllung klagen, er kann aber den Wechsel ohne Ausfüllung weitergeben, also durch bloße Übergabe. Der Erwerber erlangt den Wechsel gleichwohl durch das (Blanko-) Indossament. Legitimiert als Wechselgläubiger ist nur derjenige, auf den eine ununterbrochene Kette von Indossamenten hinabreicht (Art. 36 WO). Ist der Wechsel durch Blankogiro begeben worden, so gilt deshalb der gegenwärtige Inhaber als unmittelbarer Nachmann dessen, der das Blankoindossament unterschrieben. Denn die Unterschrift des Indossanten darf auch bei diesem Indossament nicht fehlen.

---

[1]) Weil es sonst mit andern Wechselerklärungen verwechselt werden könnte.

[2]) „Für mich an Herrn Schmidt".

Schulze.

Wie bei der Zession, so ist beim Indossament das der Übertragung zugrunde liegende Geschäft (Valutageschäft) für den Schuldner gleichgültig. Beide Rechtsakte können daher dem Zweck eines bloßen Auftrags dienen, und zwar a) indem der Indossatar durch das Indossament selbst („zur Prokura“, „zur Einkassierung“) zum Bevollmächtigten des Indossanten bestellt wird (**Prokuraindossament**); der Prokuraindossatar hat daher die Rechte eines Indossatars als fremde Rechte, folglich kann er nur wieder per procura weiterindossieren (Art. 17), und ein gleichwohl unbeschränktes Giro ist in Wahrheit nur ein prokuratorisches; oder b) indem ein Eigentums- (gewöhnliches) Indossament auf den Wechsel gesetzt, also das Auftragsverhältnis nicht erkennbar gemacht wird (**fiduziarisches**, Inkassoindossament). Ein solcher Indossatar hat gegenüber Dritten die aus dem Indossament folgenden Rechte als eigene.

Das Recht aus dem Orderpapier kann auch durch Zession übertragen und der Wechsel durch die Worte: „nicht an Order“ oder durch einen gleichbedeutenden Ausdruck zu einem Rektapapiere (Rektawechsel) gemacht werden, das nur durch Zession übertragen werden kann. Daher hat das Indossament eines solchen Wechsels keine wechselrechtliche, sondern nur zivilrechtliche Wirkung, d. h. es ist Zession. Wie eine Zession wirkt ferner das Nachindossament eines vom letzten Wechselinhaber protestierten Wechsels. Ein solcher Wechsel ist kein umlaufsfähiges Papier mehr, daher kann durch Weiterbegebung ein neues Wechselrecht nicht mehr entstehen, sondern nur das Recht, das dem letzten Inhaber gegen Haupt- und Regreßschuldner gegeben ist, übergehen. Das gleichwohl auf den Wechsel gesetzte Indossament überträgt deshalb nur diese Rechte (Art. 16 Abs. 2 WO).

§ 50. Wechselkopie und Wechselduplikat.

Eine Wechsel**kopie** ist eine Abschrift des Wechsels und hat nur die Bestimmung, Kenntnis von dem Inhalte des Wechsels zu geben, ihre Herstellung liegt daher im freien Belieben eines jeden Wechselbesitzers. Ein Wechsel**duplikat** aber ist ein mit dem Wechsel gleichlautendes Originalexemplar; es ist Träger selbständiger Wechselerklärungen und kann daher nur von demjenigen hergestellt werden, der den Wechsel geschaffen, d. i. vom Aussteller. Indessen ist dieser zur Ausstellung von Duplikaten auf Verlangen verpflichtet (Art. 66). Die Duplikate dienen dem Interesse, den Wechselbesitzer vor den Folgen des Verlustes des Wechsels zu schützen (insbesondere wenn die Prima zum Akzept versandt wird), und dazu, dem Inhaber, der den Wechsel zum Akzepte versandt hat, die Möglichkeit der Indossierung zu erhalten. Das Duplikat an sich ist nur eine Wechselabschrift, daher findet aus den auf dem Wechsel befindlichen Wechselerklärungen, die im Duplikate nur wiederholt sind, nur eine einmalige Haftung statt. Das Duplikate hat aber die Bestimmung, selbständige Wechselerklärungen aufzunehmen, daher tritt aus den auf ihm befindlichen neuen Wechselerklärungen eine selbständige Haftung ein. Indossiert also der Inhaber mehrerer Exemplare jedes dieser Exemplare an einen andern Indossatar, so haftet er aus jedem Indossamente, und akzeptiert der Trassat mehrere Exemplare, so bleibt er aus jedem Akzepte verhaftet, wenn er sich nicht bei der Zahlung alle akzeptierten Exemplare zurückgeben läßt (Art. 67).

Die Selbständigkeit einer jeden Wechselerklärung bewirkt aber auch eine Haftung aus dem auf einer Wechselkopie befindlichen Originalindossamente (Art. 70, 71).

§ 51. Die Wechselverjährung und Kraftloserklärung.

1. Der Wechselanspruch gegen den Akzeptanten sowie den Aussteller eines eigenen Wechsels **verjährt** in drei Jahren vom Tage der Fälligkeit, die Regreßansprüche verjähren in 3, 6, 18 Monaten (Art. 77—79). Die Unterbrechung der Verjährung unterliegt nach neuem Rechte den allgemeinen Grundsätzen (Art. 8 Nr. 2 EG z. neuen HGB, §§ 209 ff. BGB).

2. Ein abhanden gekommener Wechsel kann auf Antrag des letzten Berechtigten für **kraftlos erklärt** werden. Der Wechselgläubiger kann aber auch während des der Amortisation des Wechsels vorangehenden Aufgebotsverfahrens Zahlung verlangen, wenn er Sicherheit leistet, andernfalls kann er Hinterlegung fordern (Art. 73).

§ 52. Die Kreditfunktion des Wechsels.

Da jede auf den Wechsel gesetzte Erklärung für den Erklärenden entweder eine prinzipale oder eine subsidiäre Wechselverpflichtung begründet, so erlangt der Wechsel eine um so größere Sicherheit, je mehr Unterschriften er trägt. Man geht daher bei zahlreichen Kreditgewährungen in der Weise vor, daß der Kreditempfänger einen Wechsel akzeptiert, ihn von einer anderen Person ausstellen läßt, daß dann der Wechsel an eine andere Person und schließlich von dieser an den Kreditgeber indossiert wird. Der Kreditgeber hat dann drei solidarisch haftende Schuldner, den Akzeptanten als prinzipalen, den Giranten und den Aussteller als subsidiäre Schuldner. Natürlich kann auch der Kreditempfänger als Aussteller auftreten, eine andere Person akzeptiert den Wechsel.

In zahlreichen Fällen ist der Akzeptant der Kreditgeber. Er gewährt ihn in der Weise, daß er sein Akzept einem Andern überläßt, damit er es im Wege der Diskontierung zur Beschaffung von Geld benutze oder dem Verkäufer einer Ware als Sicherheit gebe. Der Akzeptant räumt dem Kreditempfänger durch diese Maßnahme die Verfügung über einen Teil seines Vermögens ein, er erwartet allerdings, daß der Kreditempfänger vor Fälligkeit des Wechsels Deckung gewähre, d. h. dem Kreditgeber die Summe wiederverschaffe, die er auf Grund seines Akzeptes vielleicht an einen Dritten wird zahlen müssen.

Die Umlaufsfähigkeit des Wechsels macht ihn ferner insofern geeignet als Mittel der Kreditgewährung, als sie dem Inhaber eines akzeptierten Wechsels jederzeit die Möglichkeit gewährt, die einem andern kreditierte Summe sich sofort wieder zu beschaffen. Der Fabrikant kann regelmäßig von dem Kaufmann, an den er Ware liefert, nicht sofort Zahlung verlangen, weil der Kaufmann die Ware umsetzen muß, um in die Lage zu kommen, den Kaufpreis zu bezahlen. Der Kaufmann gibt deshalb ein „Dreimonatsakzept", d. h. er akzeptiert einen nach drei Monaten fälligen Wechsel. Liegt dem Verkäufer daran, den so auf drei Monate gestundeten Preis bald in die Hand zu bekommen, so diskontiert er, d. h. er veräußert und indossiert den Wechsel und tilgt damit entweder seine eigene Schuld bei dem Abnehmer des Wechsels, oder er erhält die Wechselvaluta in barem, wieder in sein Geschäft fließendem und dort neue Werte schaffendem Gelde. Nur so wird es dem Verkäufer möglich, dem Käufer den Preis zu kreditieren.

Auch die Wechseldiskontierung ist ein Kreditgeschäft. Sie besteht in der Veräußerung des Wechsels vor der Fälligkeit und stellt sich äußerlich dar als die Übertragung des Eigentums am Wechsel gegen Zahlung einer Geldsumme. Die Eigentumsübertragung geschieht durch Indossament. Der kaufmännische Verkehr erblickt in ihr aber die Gewährung eines Darlehns gegen Hingabe eines Wechsels. Diese Geschäfte werden vorzugsweise von Banken vorgenommen, in weitem Umfange von der Reichsbank. Da der Wechsel beim Ankauf noch nicht fällig ist, die Bank also das hingegebene Geld nicht sogleich wiedererlangt, zieht sie sich von dem zu gebenden Gelde die Zinsen bis zur Fälligkeit ab. Dieser Abzug heißt Diskont. Die Höhe des Diskonts hängt von der Lage des Geldmarktes ab: ist wenig bares Geld vorhanden, besteht also bei den Banken geringe Neigung, ihre Geldvorräte noch herabzumindern, so ist der Diskontsatz hoch, andernfalls ist er niedrig.[1]) Der Diskont der Reichsbank ist ein Maßstab für die Höhe des Diskonts im allgemeinen und wird deshalb öffentlich

[1]) Siehe darüber Schmoller: Grundriß der allgemeinen Volkswirtschaftslehre. Bd. II 1904 S. 213ff.

bekannt gemacht (als „Diskontsatz“, auch „Bankrate“). Daneben gibt es einen Privatdiskont. Darunter versteht man den an der Börse notierten Diskont für erstklassige Wechsel.

Die Diskontierung hat Ähnlichkeit mit der Lombardierung des Wechsels. Die Diskontierung aber macht den Erwerber zum Eigentümer des Wechsels, verschafft ihm also sofort die Befugnis zur Weiterveräußerung, und bei Fälligkeit des Wechsels hat der Erwerber die Verpflichtung, zuerst den Akzeptanten in Anspruch zu nehmen. Diese letztere Verpflichtung besteht für die Pfandgläubiger nicht, und zur Weiterveräußerung hat er keine Befugnis, obwohl er durch Blankoindossament regelmäßig hierzu formell berechtigt wird.

Sachregister.

A.

B.

C.

D.

E.

F.

G.

H.

J.

K.

Q.

R.

S.

T.

U.

V.

Herrosé & Ziemsen, G. m. b. H., Wittenberg.

FSC
www.fsc.org
MIX
Papier | Fördert
gute Waldnutzung
FSC® C083411

Kolibri 360 GmbH
Ferdinand-Jühlke-Straße 7
99095 Erfurt, Deutschland
produktsicherheit@kolibri360.de